ANNULAIRE

AGATHOPÉDIQUE ET SAUCIAL.

CYCLE IV.

La mère en permettra la lecture.....
à sa femme de chambre.

AVIS ESSENTIEL.

Aucune des formalités prescrites par la loi n'ayant été remplie, le présent *Annuaire*, tiré au nombre sacramentel de 350 exemplaires seulement, est confié à la garde spéciale des membres de l'Ordre agathopédique, et de leurs héritiers en ligne directe ou indirecte, ascendante et descendante, légale ou illégale, transversale, centrale et collatérale.

En conséquence, tout contrefacteur, imitateur ou autre écornifleur, à quelque sexe qu'il appartienne, qu'il soit ou non baptisé, vacciné et confirmé, et quelle que soit d'ailleurs sa position sociale ou anti-sociale, — solennellement interdit de l'eau, du feu, de l'air et de la terre, selon la formule antique, — sera livré, lui et ses hoirs, — jusqu'au sept fois septième degré inclusivement, — à la voracité des Canards, fidèles exécuteurs des hautes-œuvres de la justice de l'Ordre, et ses cendres, — s'il en reste,—dispersées aux quatre coins des carrés de papier de l'un et l'autre monde, pour servir d'exemple à la postérité la plus reculée,—sans que de ce chef la moindre indemnité pécuniaire puisse jamais être réclamée.

Chaque exemplaire de l'édition originale, — désigné par un numéro d'ordre, — a été revêtu du sceau des Agath ∴ et de la face — y compris la pile — de la médaille du P∴ G∴ M∴.

N°

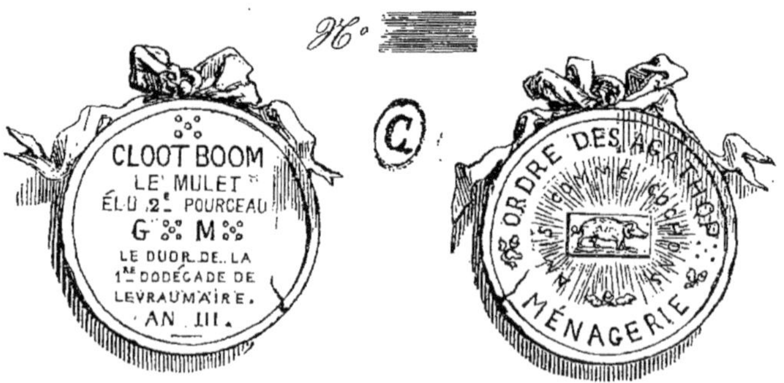

IMPRIMÉ PAR LES PRESSES ICONOGRAPHIQUES A LA CONGRÈVE

DE L'ORDRE DES AGATH:·:,

CHEZ A. LABROUE ET COMPAGNIE,

RUE DE LA FOURCHE, 36, A BRUXELLES.

CYCLE IV.

AVERTISSEMENT

DE L'ÉDITEUR.

En démolissant, il y a quelques mois, une vieille et sombre masure de la rue Vincket, un maçon, pauvre mais fripon, découvrit sous les décombres une cassette en vermeil, merveilleusement ciselée. Obéissant à la voix de sa conscience, il s'empressa de cacher à tous les yeux sa précieuse trouvaille, au sein de laquelle il rêvait l'existence d'immenses richesses. Par malheur, la serrure était veuve de sa clef, et les passe-partout, les rossignols et les *monseigneur* étaient impuissants devant le coffret mystérieux. Désespéré, le maçon court chez le directeur du musée des antiques, et offre à l'État d'enrichir la Porte de Hal du précieux joyau, si le gouvernement veut faire ouvrir le coffret et lui restituer les valeurs qu'il renferme. Le savant directeur accepte, prend le coffret et soulève le couvercle, aux yeux ébaubis du maçon stupéfait : — le coffret n'était pas fermé, et le naïf artisan s'était amusé aux bagatelles de la serrure.

Digne punition de son indélicatesse !

Savant et maçon plongent leurs regards au fond du coffret.......

Déception !

Il ne renfermait que des papiers, qui, par leur consistance peu *Joseph,* annonçaient que ce n'étaient pas des billets de banque.

Le savant les examine; son œil scrutateur fait un rapide inventaire de ce dossier où sont rassemblés des choses étranges, des manuscrits en langues inconnues, des caractères bizarres, des signes hiéroglyphiques. Quelques feuillets écrits dans la langue vulgaire, et surtout un calendrier établi sur des bases nouvelles, jettent tout à coup dans son esprit un trait de lumière. Il se rappelle que la rue Vincket était, il y a quelques années, souvent mise en rumeur par des bruits souterrains.

Plus de doute ! — Il a entre les mains une partie des archives de l'ordre mystérieux des Agathopèdes, — société secrète dont les sourdes menées avaient su échapper longtemps à l'œil trop vigilant de la police municipale et de la gendarmerie nationale, pour laquelle nous avons toujours eu le plus profond respect. Le magistrat irréprochable qui — bien qu'attaché au parquet — est placé à un degré si élevé sur l'estrade judiciaire, ce magistrat irréprochable avait su rattacher l'existence de cette société secrète à l'expédition de Risquons-Tout. Les Agathopèdes parvinrent à se soustraire par la fuite à la sévère répression de la justice, et cette dissolution de la redoutable association fut si subite, qu'on n'eut pas le temps de brûler les archives qui pouvaient compromettre des particuliers bien connus à Bruxelles, à Paris et à Jodoigne.

Ce sont ces archives qu'après de longues négociations et des manœuvres de tout genre, nous avons achetées à prix d'or à l'estimable maçon, qui s'est retiré des affaires, s'est donné un chapeau en poil de lapin, des socques en caoutchouc, un parapluie de soie en coton vert, à l'aide desquels il s'est fait recevoir membre de la Société royale de la Grande-Harmonie, où il occupe ses fortunés loisirs à se perfectionner au billard, et à jouer sa consommation au domino.

Ce qui précède expliquera l'ordre désordonné qui règne dans

notre annulaire. N'ayant pu, malgré nos actives recherches, trouver un membre de l'association des Agathopèdes qui voulût bien nous guider dans cette publication, nous avons classé, au hasard, les fragments de ces archives inintelligibles pour le lecteur non initié aux mystères de ce cercle si brusquement rompu. Nous avons supprimé tout ce qui était écrit en caractères indéchiffrables : nous pensons que ces passages faisaient allusion aux rites secrets et aux lois sévères de l'ORDRE évanoui, — arcanes d'une profondeur si vertigineuse, qu'au regard d'iceux les règles des Templiers, des Francs-Maçons, des Carbonari et des Carmes déchaussés n'étaient que de puériles devises de confiseur.

PRÉFACE.

F∴ V∴...!

L'homme n'a été créé que pour être Agathopède. Toutes les religions du passé, tous les systèmes de la philosophie, tous les efforts des nations n'avaient réellement pour but que de fonder une société d'Agathopèdes.

Mais les anciens, F∴ V∴, n'ont jamais eu qu'une idée vague de cette institution, de ce grand inconnu, de cette pierre philosophale de l'histoire. Lorsque Moïse expirait sur la cime du mont Hébo, les yeux tournés vers le nord et vers l'avenir, qu'apercevait-il dans les embêtements suprêmes de l'agonie? Il entrevoyait au loin, dans la future ville de Bruxelles, notre société qui se formait, et il s'écria : «J'ai manqué mon coup!» Les sectes philosophiques de la Grèce, les écoles de Platon et d'Aristote, les mystères d'Égypte et ceux d'Éleusis n'étaient que d'imparfaites ébauches de notre corporation fraternelle. Le Christ est celui qui en a le plus approché : avec les douze apôtres, il formait véritablement une société d'Agathopèdes; mais elle ne se soutint pas, mais il ne put rien fonder de durable, parce qu'il se trouva un traître parmi eux (1), parce que les côtes de la Judée ne fournissent pas d'huîtres et qu'ils ne songèrent pas à instituer un Grand Veneur. En effet, V:·:, les bases de notre société sont, d'une part, le P:·: que nous vénérons, et de l'autre le Grand Veneur qui alimente notre zèle. Et puis, il faut bien le dire, un préjugé fatal aveuglait les anciens et a fait avorter toutes leurs entreprises : ils avaient horreur du Cochon, ce roi des animaux, ce modèle de l'homme, cet être évangélique, cette consolation des cœurs affligés. Moïse et Mahomet ordonnent de fuir jusqu'à son attouchement. Je rougis de citer cette maxime devant notre Grand Maître; l'entraînement de mes idées peut seul me contraindre à la rappeler. Les hommes n'ont-ils pas cru jusqu'à présent se faire injure en se traitant les uns les autres de cochons! Cochons, V:·:! mais c'est le titre auquel nous aspirons tous, que nous serions tous fiers de porter. Beaucoup d'objections ont été faites contre les systèmes récents d'Owen, de Saint-Simon et de Fourier; aucune n'a de valeur réelle. Le seul reproche qu'on puisse leur adresser, reproche fondamental sans doute, c'est qu'ils n'ont pas su analyser l'essence du pourceau, pénétrer dans les profondeurs de sa nature; qu'ils n'ont pas conçu la société des Agathopèdes. Napoléon lui-même, sur son rocher lointain, pendant qu'il prenait du tabac par poignées, en se livrant à la chasse des crabes, Napoléon regrettait amèrement sa vie passée, ses guerres, ses victoires, son ambition, ses veilles inquiètes; il se disait qu'il avait mal compris la gloire et les destins de l'humanité, qu'il aurait dû fonder partout des sociétés d'Agathopèdes. Et si nous sommes le résultat de toute l'histoire, la matière la plus savoureuse sortie de ses entrailles, nous sommes aussi l'engrais où doit germer

(1) L'orateur, en prononçant ce discours, espérait que l'ordre des Agathopèdes échapperait à l'inévitable loi de la trahison. Vain espoir! Cette longue série des traîtres qui commence à Lucifer, passe par notre mère Ève, Judas et le connétable de Bourbon, devait se recruter aussi parmi nous et se terminer par A. G. B. Schayes, notre premier Grand Maître. Mais son nom, voué à l'exécration des Agathopèdes, partagera à tout jamais la flétrissure qui accable ses pareils. Puisse cet exemple inspirer une terreur salutaire et arrêter les malheureux qui seraient tentés d'imiter le trop coupable Grand Maître!

l'avenir. Ah! F∴ V∴, de quel bonheur jouiront les peuples quand ils comprendront les doctrines agathopédiques! Car, ...

. . . .

. . . .

. . . .

. . . .

. . . .

. . . .

. . . .

. . . .

. . . . (1) n'est-ce pas la meilleure solution de toutes les difficultés que présente l'économie politique?

(1) Ici se trouvait un de ces nombreux passages écrits en caractères cabalistiques et peut-être dans une langue étrangère. Nous étions d'autant plus désireux de soulever le voile qui couvre ces nouveaux mystères d'Isis, qu'on était en droit d'espérer d'y trouver la trace de ces menées souterraines qui bouleversent le monde depuis 1789. Aussi n'avons-nous rien négligé pour y parvenir.

Après nous être successivement adressé aux savants et nombreux archivistes-paléographes de la Belgique, aux bibliothécaires et aux professeurs des Universités, nous eûmes recours à la science profonde et transcendentale du célèbre conservateur de la chinoisothèque de la Porte de Hal.

Voici la lettre qu'il nous fit l'honneur de nous adresser en réponse à notre demande.

« MONSIEUR L'ÉDITEUR,

« D'après le désir que vous m'avez manifesté de parvenir au déchiffrement de divers manuscrits trouvés à la rue Finkett, je me suis fait un devoir et un plaisir de chercher à vous satisfaire; mais, hélas! mon cher monsieur, je dois vous avouer que je suis bien éloigné d'y avoir réussi.

« J'ai d'abord essayé d'appliquer à ces signes mystérieux le système ingénieux mais très-connu de Breithaupt [1] et de Conrad [2], renouvelé récemment (et orné du portrait lithographié de l'auteur) par le sieur Vesin, professeur à l'École centrale de com-

[1] CHRISTIANI BREITHAUPTI prof. log. et metaph. publ. ordinarii Ars decifratoria, sive scientia occultos scripturas solvendi et legendi, etc. Helmstadii, apud Christ. Frid. Weygand, CIƆIƆCCXXXVII, in-8°.

[2] DAVIDIS ARNOLDI CONRADI Cryptographia denudata sive ars deciferandi quæ occulta scripta sunt in quocumque linguarum genere, præcipue in germanica, batava, latina, anglica, gallica, italica, græca. Lucduni (sic) Batavorum, apud Philippum Bouk, MDCCXXXIX, in 8°.

Si nos hommes d'État changeaient tous les individus en Agathopèdes, quels vices pourrait-on reprocher encore à leurs systèmes? De quoi se plaindrait le peuple? Il les bénirait et leur rendrait chaque jour ce qu'il en aurait reçu.

merce et d'industrie de Schaerbeek ; — prix : 7 fr. 50 c. Ce système consiste à étudier les groupes de signes, et à deviner, d'une manière presque certaine, à quelles lettres vulgaires ces signes sont substitués, par leur position et leur fréquence. — Ainsi, en supposant que le grimoire soit du français, le signe le plus souvent répété sera un E, etc.

« Comme on le voit, ce système de cryptographie, la substitution d'un signe arbitraire et de convention à la lettre vulgaire, qui est celui de la maçonnerie, n'est qu'une niaiserie sans importance, et tout au plus bonne pour des écoliers. Comme on devait s'y attendre, l'écriture hiératique des Agathopèdes a résisté à cet examen comme le diamant à la lime d'Allemagne.

« Je ne fus pas plus heureux en consultant et en expérimentant les moyens préconisés par Porta [1], Erycius Puteanus [2], Trithème [3] et son traducteur et élucidateur de Collange [4], le jésuite Schott [5], Schenkelius [6], et enfin le célèbre C... (citoyen ou colonel?) J... Demarmieux, l'inventeur de la Pasigraphie, de la Pasilalie [7], qui fit imprimer à Paris, en l'an x de la première république, son incroyable découverte [8].

« Vous remarquerez, monsieur, que tous les signes employés dans vos manuscrits diffèrent les uns des autres, tellement qu'il m'a été impossible de retrouver le même signe employé deux fois. Il est facile de comprendre alors que toute tentative pour les déchiffrer serait inutile. Puisse un jour le hasard faire retrouver la clef de cet affreux grimoire, qui cache peut-être, comme vous le supposez, de bien épouvantables mystères !

« Agréez, monsieur, l'assurance de mes sentiments affectueux, et veuillez présenter mes hommages à madame votre épouse.

« Votre dévoué,

« A. G. B. S.

« Bruxelles, le 21 septembre 1849. »

[1] De fvrtivis litterarum notis, vvlgo de Ziferis libri IIII. JOAN. BAPTISTA PORTA, neapolitano avtore. Cum privilegio. Neapoli, MDLXIII, in-4°.

[2] ERYCII PVTEANI Cryptographia tassiana, sive clandestina scriptio, etc. Lovanii, 1627, in-4°.

[3] JOHANNIS TRITHEMII Stenographica, etc. Norimbergæ, anno MDCLXXI, in-4°.

[4] Polygraphie et universelle escriture cabalistiques de M. I. TRITHEME, abbé, traduite par GABRIEL DE COLLANGE, natif de Tours en Auvergne. A Paris, 1561, in-4°.

[5] Schola stenographica P. GASPARI SCHOTTI, Soc. Jesu. Norimbergæ, MDCLXXX, in-4°, *cum figuris.*

[6] Le Magazin des sciences ov vray art de mémoire, etc., par SCHENKELIUS, traduict et augmenté par Adrien Le Cuirot P. A. Paris, MDCXXXIII, in-12.

[7] Ne pas coofondre avec la Pasinomie ou la Pasicrisie.

[8] In-4°, Paris, chez Pernier, libraire, rue de la Harpe, n° 188, et chez l'auteur, membre de l'Académie des Sciences de Harlem, et de la Société des observateurs de l'homme, rue Montmartre, n° 25.

Toutefois, F∴ V∴, chevaliers de l'Huître d'Or, ne nous laissons pas tuméfier par l'orgueil. Sans doute, nous sommes d'admirables bêtes, et l'on ne trouverait dans aucune ménagerie de pareils animaux; sans doute, nous méritons l'admiration publique et la reconnaissance de l'avenir. Mais nos plans auraient échoué, malgré tous nos efforts, si, par une coïncidence merveilleuse, nous n'avions trouvé sur notre route un cochon monstre, un pourceau comme on n'en a jamais vu, la gloire et l'honneur des verrats. Oui, j'ose le dire, si la nature n'avait pas créé notre vénérable Président, pour montrer sa puissance et sa délicatesse, nous ne serions bons à rien. Il nous fallait un cochon de cette espèce, gros, gras et appétissant, pour donner du poids à notre institution, pour affriander les récipiendaires. Je lui vote donc des remercîments publics; je lui promets une gloire éternelle. Sa puissance est désormais inébranlable; il sera pendant toute son existence roi des cochons, et, après sa mort, roi des truies!

CHANTECLAIR.

NOTES ET DOCUMENTS,

trouvés dans un dossier étiqueté :

BUREAU DES PLATITUDES ET DES ÉPHÉMORROÏDES.

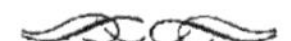

L'année agathopédique porte le nom de Cycle.

Le travail annuel du *Bureau des Platitudes et des Éphémorroïdes* recevra le nom de Cyclaire, si cette désignation ne paraît pas trop obscure ; les classes des *Sciants* et des *Bêtes-Laides* trancheront cette difficulté.

Sont abrogées et supprimées :

1° La période Julienne, ainsi appelée pour la distinguer du potage du même nom.

2° L'ère de Nabonassar — qui n'est plus bonne à rien.

Sont conservées et employées pour les relations avec le monde profane :

1° L'ère d'Épicure.

2° L'ère de Rabelais.

3° L'ère de la gaudriole, ô gué! (remontant à la première Agath∴, la mère Ève, femme Adam).

L'ère moderne agath∴ a commencé le 29 septembre 1846 (vieux style).

Le cycle se divise en douze *menstrues* ou mois — portant les noms de

RAISINAIRE,	**CRÊPOSE,**	**BOUDINAL,**	**PETITPOISIDOR,**
HUÎTRIMAIRE,	**JAMBONOSE,**	**CANARDINAL,**	**CERISIDOR,**
LEVREAUMAIRE,	**TRUFFOSE,**	**FRAISINAL,**	**MELONIDOR.**

Chaque menstrue se compose de trente nuits.

Douze nuits forment une dodécade.

La douzième nuit prend le nom de DODÉCADOR; c'est la nuit du travail agathopédique.

Les onze autres nuits sont consacrées au repos; elles portent les noms de *Prior, Duor, Trior, Quatuor, Quintuor, Sextuor, Septuor, Octuor, Nonor, Décador, Undécador.*

La menstrue se compose donc de deux dodécades et d'une demi-dodécade.

Quand la demi-dodécade commence la menstrue, elle prend le nom de *Midodécade.*

Quand la demi-dodécade termine la menstrue, elle prend le nom de *Dodécademi.*

Les douze menstrues de 30 nuits font un total de 360 nuits; l'année des profanes et des almanachs liégeois se composant de 365 jours, le cycle agath:·: se complète par cinq nuits complémentaires appelées *Purgatoriales*, parce que . . . .
. . . .
. . . .
. . . .
. . . . (1).

Les années bissextiles se complètent par l'addition d'une nuit supplémentaire, correspondant au 29 février des profanes. Cette nuit est appelée *Purificatoriale*. A cette nuit est fixée la réunion du Conc:·: œcu:·: de l'Ordre. Le G:·: P:·: est lavé en présence de tous les V:·:. Cette cérémonie se fait avec la plus grande pompe, en observant le rituel suivant : . . . .
. . . .
. . . .
. . . .
. . . .

La dodécade des *rats morts*, et la *fête des animaux fossiles et très-passés*, sont des nuits de deuil et d'abstinence.

La lettre dominicale est supprimée; la lettre agath:·: est J. M. F.

Chaque année le bureau des Platitudes et des Éphémorroïdes calcule et suppute :

1° La *compote agathopédique*.

2° Le *nombre d'os* (rongés par la Ménag:·:).

3° La *sottise d'été* et la *sottise d'hiver*.

4° L'*équivoque du printemps* et l'*équivoque de l'automne*, calcul auquel vient se joindre celui de la *procession des équivoques*.

(1) Voir la note, *suprà*, p. 7.

5° Les *éclisses du soleil* et les *farces de la lune.*

6° L'époque des *quatre étangs;* savoir : l'étang de Molenbeek, — l'étang de Saint-Josse-ten-Noode, — l'étang d'Etterbeek, — l'étang d'Ixelles.

Fait et griffonné par le Bureau des Platitudes et des Éphémorroïdes, *le nonor de la première dodécade de huîtrimaire, cycle IV.*

LE GASTROLOGUE,

ROUSSELET,

De la classe des Sciants ; auteur de l'*Art de vérifier les dattes.*

CALENDRIER
AGATHOPÉDIQUE.

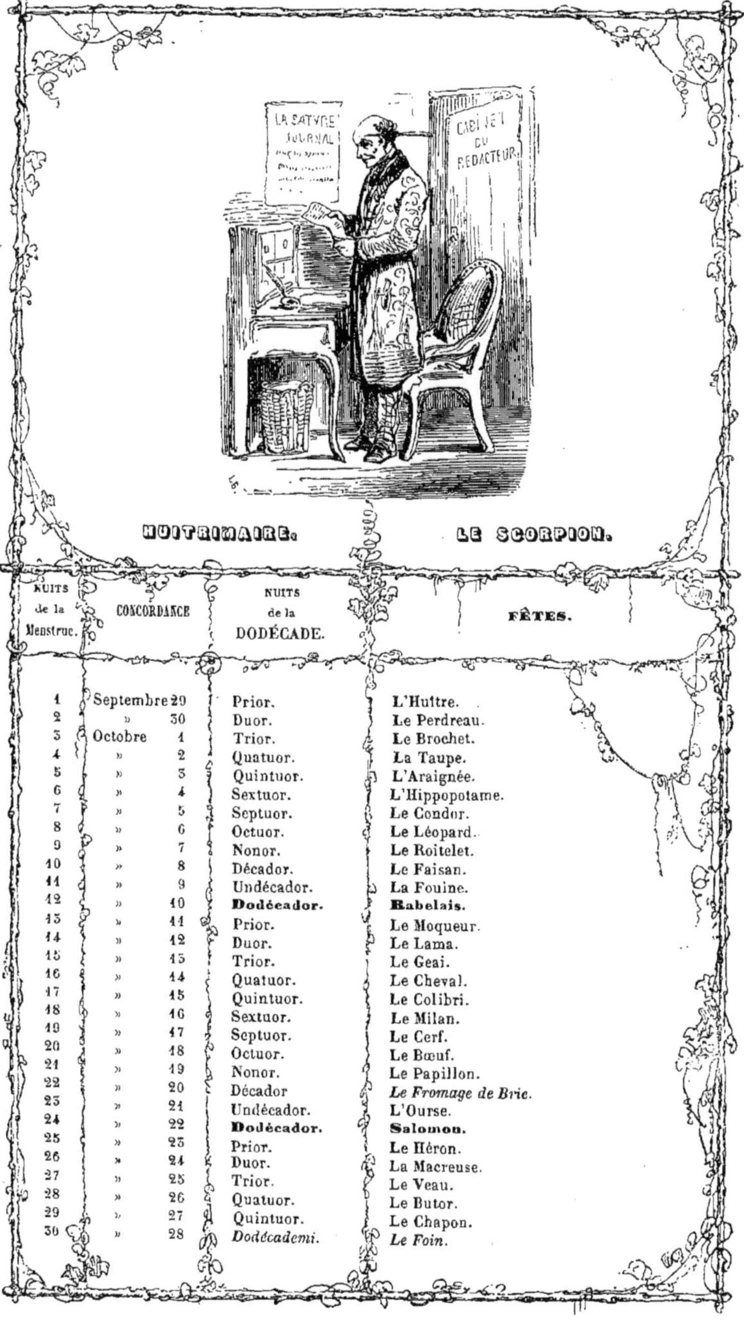

HUITRIMAIRE. LE SCORPION.

NUITS de la Menstrue.	CONCORDANCE		NUITS de la DODÉCADE.	FÊTES.
1	Septembre	29	Prior.	L'Huître.
2	»	30	Duor.	Le Perdreau.
3	Octobre	1	Trior.	Le Brochet.
4	»	2	Quatuor.	La Taupe.
5	»	3	Quintuor.	L'Araignée.
6	»	4	Sextuor.	L'Hippopotame.
7	»	5	Septuor.	Le Condor.
8	»	6	Octuor.	Le Léopard.
9	»	7	Nonor.	Le Roitelet.
10	»	8	Décador.	Le Faisan.
11	»	9	Undécador.	La Fouine.
12	»	10	**Dodécador.**	**Rabelais.**
13	»	11	Prior.	Le Moqueur.
14	»	12	Duor.	Le Lama.
15	»	13	Trior.	Le Geai.
16	»	14	Quatuor.	Le Cheval.
17	»	15	Quintuor.	Le Colibri.
18	»	16	Sextuor.	Le Milan.
19	»	17	Septuor.	Le Cerf.
20	»	18	Octuor.	Le Bœuf.
21	»	19	Nonor.	Le Papillon.
22	»	20	Décador	*Le Fromage de Brie.*
23	»	21	Undécador.	L'Ourse.
24	»	22	**Dodécador.**	**Salomon.**
25	»	23	Prior.	Le Héron.
26	»	24	Duor.	La Macreuse.
27	»	25	Trior.	Le Veau.
28	»	26	Quatuor.	Le Butor.
29	»	27	Quintuor.	Le Chapon.
30	»	28	*Dodécademi.*	*Le Foin.*

LEVREAUMAIRE. **LE SAGITTAIRE.**

NUITS de la Menstrue.	CONCORDANCE.		NUITS de la DODÉCADE.	FÊTES.
1	Octobre	29	Prior.	Le Lièvre.
2	»	30	Duor.	Le Bourdon.
3	»	31	Trior.	La Couleuvre.
4	Novembre	1	Quatuor.	**Fête de l'Arche.**
5	»	2	Quintuor.	Les Fossiles ou animaux très-passés.
6	»	3	*Midodécade.*	**Henri IV.**
7	»	4	Prior.	**Imporcation de saint Antoine.**
8	»	5	Duor.	Le Lapin.
9	»	6	Trior.	Le Blaireau.
10	»	7	Quatuor.	Le Crapaud.
11	»	8	Quintuor.	L'Ibis.
12	»	9	Sextuor.	L'Écureuil.
13	»	10	Septuor.	Le Boa.
14	»	11	Octuor.	Le Martin-Pêcheur.
15	»	12	Nonor.	Le Taon.
16	»	13	Décador.	La Grive. *Quatre Étangs.* { 1° Étang de Molenbeek.
17	»	14	Undécador.	Le Bouc.
18	»	15	**Dodécador.**	**Diogène.**
19	»	16	Prior.	Le Maquereau.
20	»	17	Duor.	L'Anon.
21	»	18	Trior.	L'Épervier.
22	»	19	Quatuor.	La Souris.
23	»	20	Quintuor.	Le Hérisson.
24	»	21	Sextuor.	La Mauviette.
25	»	22	Septuor.	Le Rossignol.
26	»	23	Octuor.	La Hyène.
27	»	24	Nonor.	La Sarcelle.
28	»	25	Décador.	Le Poulain.
29	»	26	Undécador.	La Tanche.
30	»	27	**Dodécador.**	**Loth.**

CRÊPOSE. LE CAPRICORNE.

NUITS de la Menstrue.	CONCORDANCE.		NUITS de la DODÉCADE.	FÊTES.
1	Novembre	28	Prior.	Le Pélican.
2	»	29	Duor.	Le Fourmilier.
3	»	30	Trior.	La Bécasse.
4	Décembre	1	Quatuor.	Le Tapir.
5	»	2	Quintuor.	Le Coq.
6	»	3	Sextuor.	Le Bouquetin.
7	»	4	Septuor.	Le Cul-Blanc.
8	»	5	Octuor.	Le Requin.
9	»	6	Nonor.	L'Ane.
10	»	7	Décador.	La Buse.
11	»	8	Undécador.	L'Ortolan.
12	»	9	**Dodécador.**	**Scarron.**
13	»	10	Prior.	Le Sapajou.
14	»	11	Duor.	Le Lynx.
15	»	12	Trior.	L'Élan.
16	»	13	Quatuor.	La Luciole.
17	»	14	Quintuor.	La Carpe.
18	»	15	Sextuor.	Le Serin. (Fête de la liberté).
19	»	16	Septuor.	La Brebis.
20	»	17	Octuor.	L'Oie.
21	»	18	Nonor.	Le Marsouin.
22	»	19	Décador	Le Ramier.
23	»	20	Undécador.	Le Sanglier.
24	»	21	**Dodécador.**	**Balthazar.**
25	»	22	Prior.	Le Chamois.
26	»	23	Duor.	La Bergeronnette.
27	»	24	Trior.	L'Escargot.
28	»	25	Quatuor.	L'Oiseau-Mouche.
29	»	26	Quintuor.	Le Hanneton, 1er *Martyr*.
30	»	27	*Dodécademi.*	*La Carotte.*

JAMBONOSE. **LE VERSEAU.**

NUITS de la Menstrue.	CONCORDANCE.		NUITS de la DODÉCADE.	FÊTES.
1	Décembre	28	Prior.	*Les Infusoires* (Les Innocents).
2	»	29	Duor.	Le Gros-Bec.
3	»	30	Trior.	La Colombe.
4	»	31	Quatuor.	La Grenouille.
5	Janvier	1	Quintuor.	*Fête de Pépin-le-Bref*. (Le Sire-concis).
6	»	2	*Midodécade.*	**Piron.**
7	»	3	Prior.	La Caille.
8	»	4	Duor.	Le Rhinocéros.
9	»	5	Trior.	Le Scorpion.
10	»	6	Quatuor.	**Fête du Gland.**
11	»	7	Quintuor.	Le Toucan.
12	»	8	Sextuor.	Le Loir.
13	»	9	Septuor.	La Fourmi.
14	»	10	Octuor.	Le Paon.
15	»	11	Nonor.	Le Merlan.
16	»	12	Décador.	Le Cloporte.
17	»	13	Undécador.	Le Serpent (à sonnettes).
18	»	14	**Dodécador.**	**Horace.**
19	»	15	Prior.	Le Zèbre.
20	»	16	Duor.	Le Vanneau.
21	»	17	Trior.	LE COCHON.
22	»	18	Quatuor.	Le Calao.
23	»	19	Quintuor.	La Giraffe.
24	»	20	Sextuor.	Le Crocodile.
25	»	21	Septuor.	La Cigale.
26	»	22	Octuor.	La Civette.
27	»	23	Nonor.	Le Castor.
28	»	24	Décador.	Le Babouin.
29	»	25	Undécador.	Le Glouton.
30	»	26	**Dodécador.**	**Épicure.**

TRUFFOSE. LES POISSONS.

NUITS de la Menstrue.	CONCORDANCE.		NUITS de la DODÉCADE.	FÊTES.
1	Janvier	27	Prior.	La Dinde.
2	»	28	Duor.	Le Chat-huant.
3	»	29	Trior.	Le Perce-oreille.
4	»	30	Quatuor.	Le Hareng.
5	»	31	Quintuor.	La Perruche.
6	Février	1	Sextuor.	Le Colimaçon.
7	»	2	Septuor.	Le Homard.
8	»	3	Octuor.	Le Bison.
9	»	4	Nonor.	L'Agouti.
10	»	5	Décador.	Le Daim.
11	»	6	Undécador.	La Mite.
12	»	7	**Dodécador.**	**Béranger.**
13	»	8	Prior.	L'Aigle.
14	»	9	Duor.	Le Chevreuil.
15	»	10	Trior.	Le Cabillaud.
16	»	11	Quatuor.	La Frégate. *(Quatre étangs).* { 2e Étang de St.-J.-ten-Noode
17	»	12	Quintuor.	La Cigogne.
18	»	13	Sextuor.	Le Lézard.
19	»	14	Septuor.	Le Frêlon.
20	»	15	Octuor.	Le Flamant.
21	»	16	Nonor.	L'Éperlan.
22	»	17	Décador.	La Chenille.
23	»	18	Undécador.	La Tourterelle.
24	»	19	**Dodécador.**	**Anacréon.**
25	»	20	Prior.	Le Cygne.
26	»	21	Duor.	L'Éponge.
27	»	22	Trior.	La Poule d'eau.
28	»	23	Quatuor.	L'Ablette.
29	»	24	Quintuor.	Le Casoar.
30	»	25	*Dodécademi.*	*Le Fromage de Herve.*

BOUDINAL. LE BÉLIER.

NUITS de la Monstrue.	CONCORDANCE.		NUITS de la DODÉCADE.	FÊTES.
1	Février	26	Prior.	Le Turbot.
2	»	27	Duor.	La Marmotte.
3	»	28	Trior.	La Loutre.
4	Mars	1	Quatuor.	L'Autour.
5	»	2	Quintuor.	Le Dindonneau.
6	»	3	*Midodécade.*	**Brillat-Savarin.**
7	»	4	Prior.	La Sole.
8	»	5	Duor.	L'Anguille.
9	»	6	Trior.	L'Engoulevent.
10	»	7	Quatuor.	La Perdrix. (Fête des choux).
11	»	8	Quintuor.	L'Escargot.
12	»	9	Sextuor.	La Fauvette.
13	»	10	Septuor.	Le Mouton.
14	»	11	Octuor.	Les Sardines.
15	»	12	Nonor.	La Baleine.
16	»	13	Décador.	Le Chameau.
17	»	14	Undécador.	La Salamandre.
18	»	15	**Dodécador.**	**Sardanapale.**
19	»	16	Prior.	Le Grillon.
20	»	17	Duor.	La Raie.
21	»	18	Trior.	L'Antilope.
22	»	19	Quatuor.	Le Coucou.
23	»	20	Quintuor.	Le Friquet.
24	»	21	Sextuor.	La Bécassine.
25	»	22	Septuor.	Le Castor.
26	»	23	Octuor.	Le Mulot.
27	»	24	Nonor.	Le Dromadaire.
28	»	25	Décador.	Le Pigeon.
29	»	26	Undécador.	Le Râle.
30	»	27	**Dodécador.**	**David.**

CANARDINAL. **LE TAUREAU.**

NUITS de la Meustrue.	CONCORDANCE.		NUITS de la DODÉCADE.	FÊTES.
1	Mars	28	Prior.	L'Épinoche.
2	»	29	Duor.	Le Roquet.
3	»	30	Trior.	La Sarigue.
4	»	31	Quatuor.	Le Chardonneret.
5	Avril	1	Quintuor.	*Le Canard.*
6	»	2	Sextuor.	Le Faucon.
7	»	3	Septuor.	La Gazelle.
8	»	4	Octuor.	Le Manchot.
9	»	5	Nonor.	La Renne.
10	»	6	Décador.	La Panthère.
11	»	7	Undécador.	Le Renard.
12	»	8	**Dodécador.**	**Comte de Fortsas.**
13	»	9	Prior.	Le Loup.
14	»	10	Duor.	Le Moineau.
15	»	11	Trior.	La Belette.
16	»	12	Quatuor.	Le Corbeau.
17	»	13	Quintuor.	La Plie.
18	»	14	Sextuor.	Le Ver luisant.
19	»	15	Septuor.	La Pie-Grièche.
20	»	16	Octuor.	Le Griffon.
21	»	17	Nonor.	La Sangsue.
22	»	18	Décador.	La Canne.
23	»	19	Undécador.	Le Pivert.
24	»	20	**Dodécador.**	**Margot de Navarre.**
25	»	21	Prior.	La Pie.
26	»	22	Duor.	La Mésange.
27	»	23	Trior.	Le Buffle.
28	»	24	Quatuor.	L'Autruche.
29	»	25	Quintuor.	Le Hibou.
30	»	26	*Dodécademi.*	*Le Fromage de Roquefort.*

FRAISINAL. LES GÉMEAUX.

NUITS de la Menstrue.	CONCORDANCE.		NUITS de la DODÉCADE.	FÊTES.
1	Avril	27	Prior.	*Les Fraises.*
2	»	28	Duor.	Le Bec-Figue.
3	»	29	Trior.	Le Cormoran.
4	»	30	Quatuor.	*La Poire.*
5	Mai	1	Quintuor.	Le Jaguar.
6	»	2	*Midodécade.*	**Cambacérès.**
7	»	3	Prior.	Le Cochon d'Inde.
8	»	4	Duor.	L'Émérillon.
9	»	5	Trior.	La Scolopendre.
10	»	6	Quatuor.	L'Orang-Outang (Fête de la Fraternité
11	»	7	Quintuor.	La Libellule.
12	»	8	Sextuor.	L'Ours.
13	»	9	Septuor.	La Puce.
14	»	10	Octuor.	L'Éléphant.
15	»	11	Nonor.	La Chauve-Souris.
16	»	12	Décador.	Le Limaçon.
17	»	13	Undécador.	Le Pingouin. *Quatre étangs.* { 3e Étang d'Etterbeek.
18	»	14	**Dodécador,**	**Nabuchodonosor.**
19	»	15	Prior.	Le Bœuf.
20	»	16	Duor.	Le Mastodonte.
21	»	17	Trior.	Le Ver solitaire.
22	»	18	Quatuor.	L'Oiseau de Paradis.
23	»	19	Quintuor.	Le Poux.
24	»	20	Sextuor.	La Mule.
25	»	21	Septuor.	L'Argonaute.
26	»	22	Octuor.	La Chèvre.
27	»	23	Nonor.	La Grue.
28	»	24	Décador.	La Vipère.
29	»	25	Undécador.	Le Stockvisch.
30	»	26	**Dodécador.**	**Pythagore.**

PETITPOISIDOR, L'ÉCREVISSE.

NUITS de la Menstrue.	CONCORDANCE.		NUITS de la DODÉCADE.	FÊTES.
1	Mai	27	Prior.	Le Poulet.
2	»	28	Duor.	L'Alouette.
3	»	29	Trior.	Le Tigre.
4	»	30	Quatuor.	Le Chien.
5	»	31	Quintuor.	La Corneille.
6	Juin	1	Sextuor.	La Martre.
7	»	2	Septuor.	La Mouche.
8	»	3	Octuor.	Le Chacal.
9	»	4	Nonor.	L'Ourson.
10	»	5	Décador.	L'Étourneau.
11	»	6	Undécador.	Le Porc-Épic.
12	»	7	**Dodécador.**	**Apulée.**
13	»	8	Prior.	L'Ane.
14	»	9	Duor.	La Tanche.
15	»	10	Trior.	La Guêpe. (Anniv. de la naissance d'Épicure).
16	»	11	Quatuor.	La Jument.
17	»	12	Quintuor.	Le Bouvreuil.
18	»	13	Sextuor.	La Biche.
19	»	14	Septuor.	Le Ver à soie.
20	»	15	Octuor.	Le Puceron.
21	»	16	Nonor.	L'Abeille.
22	»	17	Décador	La Gélinotte.
23	»	18	Undécador.	La Moule.
24	»	19	**Dodécador.**	**Désaugiers.**
25	»	20	Prior.	Le Rouge-Gorge.
26	»	21	Duor.	La Mouette.
27	»	22	Trior.	Le Lion. (Fête supprimée).
28	»	23	Quatuor.	L'Hirondelle.
29	»	24	Quintuor.	Le Furet.
30	»	25	*Dodécademi.*	*Le Fromage de Parmesan.*

CERISIDOR. LE LION.

NUITS de la Menstrue.	CONCORDANCE.		NUITS de la DODÉCADE.	FÊTES.
1	Juin	26	Prior.	Le Merle.
2	»	27	Duor.	L'Anesse.
3	»	28	Trior.	Le Goujon.
4	»	29	Quatuor.	Le Chevreau.
5	»	30	Quintuor.	La Linotte.
6	Juillet	1	*Midodécade.*	**Lucullus.**
7	»	2	Prior.	La Lamproie.
8	»	3	Duor.	La Punaise.
9	»	4	Trior.	La Louve.
10	»	5	Quatuor.	La Scie.
11	»	6	Quintuor.	Le Perroquet.
12	»	7	Sextuor.	Le Faucheur.
13	»	8	Septuor.	Le Cachalot.
14	»	9	Octuor.	Le Bengali.
15	»	10	Nonor.	L'Anchois.
16	»	11	Décador.	Le Pinson.
17	»	12	Undécador.	Le Duc.
18	»	13	**Dodécador.**	**Pannard.**
19	»	14	Prior.	La Torpille.
20	»	15	Duor.	Le Chat.
21	»	16	Trior.	La Luzerne.
22	»	17	Quatuor.	Le Bélier.
23	»	18	Quintuor.	La Chatte.
24	»	19	Sextuor.	Le Coq de Bruyère.
25	»	20	Septuor.	La Guenon.
26	»	21	Octuor.	L'Hermine.
27	»	22	Nonor.	Le Loup cervier.
28	»	23	Décador.	L'Ouistiti.
29	»	24	Undécador.	Le Singe.
30	»	25	**Dodécador.**	**Grandville.**

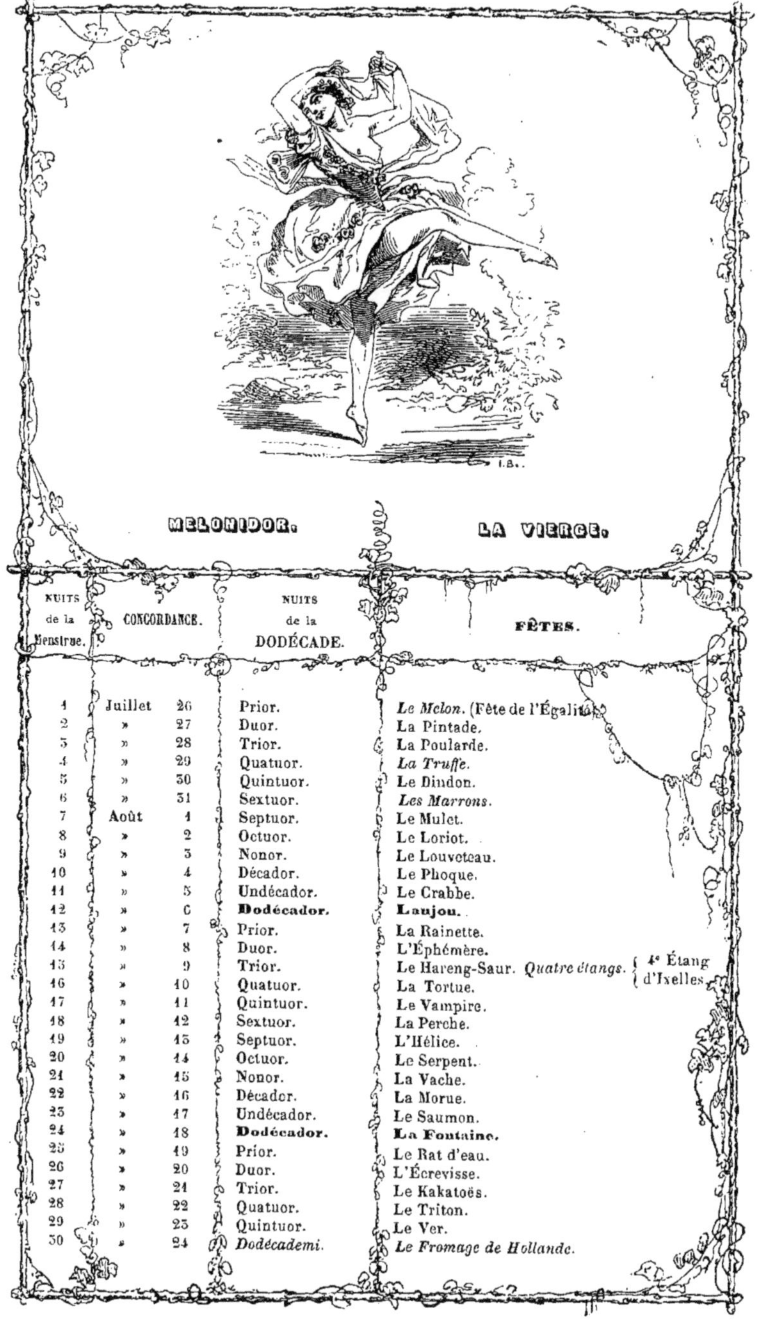

MELONIDOR. LA VIERGE.

NUITS de la Menstrue.	CONCORDANCE.		NUITS de la DODÉCADE.	FÊTES.
1	Juillet	26	Prior.	*Le Melon.* (Fête de l'Égalité.)
2	»	27	Duor.	La Pintade.
3	»	28	Trior.	La Poularde.
4	»	29	Quatuor.	*La Truffe.*
5	»	30	Quintuor.	Le Dindon.
6	»	31	Sextuor.	*Les Marrons.*
7	Août	1	Septuor.	Le Mulet.
8	»	2	Octuor.	Le Loriot.
9	»	3	Nonor.	Le Louveteau.
10	»	4	Décador.	Le Phoque.
11	»	5	Undécador.	Le Crabbe.
12	»	6	**Dodécador.**	**Laujon.**
13	»	7	Prior.	La Rainette.
14	»	8	Duor.	L'Éphémère.
15	»	9	Trior.	Le Hareng-Saur. *Quatre étangs.* { 4e Étang d'Ixelles.
16	»	10	Quatuor.	La Tortue.
17	»	11	Quintuor.	Le Vampire.
18	»	12	Sextuor.	La Perche.
19	»	13	Septuor.	L'Hélice.
20	»	14	Octuor.	Le Serpent.
21	»	15	Nonor.	La Vache.
22	»	16	Décador.	La Morue.
23	»	17	Undécador.	Le Saumon.
24	»	18	**Dodécador.**	**La Fontaine.**
25	»	19	Prior.	Le Rat d'eau.
26	»	20	Duor.	L'Écrevisse.
27	»	21	Trior.	Le Kakatoës.
28	»	22	Quatuor.	Le Triton.
29	»	23	Quintuor.	Le Ver.
30	»	24	*Dodécademi.*	*Le Fromage de Hollande.*

RAISINAIRE. **LA BALANCE.**

NUITS de la Menstrue.	CONCORDANCE.		NUITS de la DODÉCADE.	FÊTES.	
1	Août	25	Prior.	*Le Raisin.*	Nuits Diarhicélaires.
2	»	26	Duor.	*La Prune.*	
3	»	27	Trior.	*L'Abricot.*	
4	»	28	Quatuor.	*La Pêche.*	
5	»	29	Quintuor.	*La Pomme.*	
6	»	30	*Midodécade.*	*Théobrôme-Nafé-Thridace de* CAOUTCHOUC.	
7	»	31	Prior.	Le Dauphin. (Fête supprimée).	
8	Septembre	1	Duor.	La Langouste.	
9	»	2	Trior.	La Poule.	
10	»	3	Quatuor.	La Truite.	
11	»	4	Quintuor.	Le Vautour.	
12	»	5	Sextuor.	La Grenouille.	
13	»	6	Septuor.	Le Caméléon.	
14	»	7	Octuor.	Le Dragon.	
15	»	8	Nonor.	Le Taureau.	
16	»	9	Décador.	La Lionne.	
17	»	10	Undécador.	La Crevette.	
18	»	11	**Dodécador.**	**Collé.**	
19	»	12	Prior.	*La Fête du Gui.*	
20	»	13	Duor.	*Le Haricot.*	Nuits vésiculaires.
21	»	14	Trior.	*La Féverolle.*	
22	»	15	Quatuor.	*La Lentille.*	
23	»	16	Quintuor.	*La Vesce.*	
24	»	17	Sextuor.	Le Crocodile.	
25	»	18	Septuor.	La Chouette.	
26	»	19	Octuor.	Le Crapeau.	
27	»	20	Nonor.	La Licorne.	
28	»	21	Décador.	Le Pluvier.	
29	»	22	Undécador.	Le Cornichon.	
30	»	23	**Dodécador.**	**Adam.**	

NUITS PURGATORIALES.

CONCORDANCE.	NUITS DE LA DODÉCADE.	FÊTES.
Septembre 24	Prior.	La Rhubarbe.
» 25	Duor.	Le Séné.
» 26	Trior.	L'Aloès.
» 27	Quatuor.	La Bourrache.
» 28	Quintuor.	Le Chiendent.

CLASSE DES BÊTES-LAIDES.

ÉLOGE DU COCHON.

> Ab Jove principium.
> (CLASSIQUES LATINS.)
>
> Asinus asinum frégate!
> (MÉTAMORPHOSES D'OVIDE.)

Air d'Aristide, ou de la Bonne vieille (BÉRANGER).

Monsieur Buffon (que le Seigneur confonde!)
Osa nous dire, à l'article Cochon,
Que notre frère est une bête immonde,
Et qu'à la rose il préfère l'étron.
Le malotru qui lança cette injure
Se doutait-il, quand il la débita,
Que tous les goûts sont dans notre nature;
Et le meilleur est celui que l'on a (*bis*).

Vous me direz : Il est couvert de crasse,
Il pue au loin, son groin nous fait horreur.

Oui, j'en conviens, on n'aime pas sa face;
Mais le visage est parfois bien trompeur!
Si le fumier est son seul patrimoine,
S'il est couvert d'un limon dégoûtant,
Le cœur est bon : — l'habit fait-il le moine?
Riches brocarts couvrent plus d'un croquant.

On l'accusa d'avoir des goûts lubriques,
Dont le récit fait dresser les cheveux;
De dédaigner les amours platoniques,
Et de boucher des trous incestueux.
Je ne veux pas en faire une rosière,
Un concurrent pour le prix Monthyon!
Mais qui de vous peut lui jeter la pierre
Et lui donner sa malédiction?

Vieux débauchés, dont la force expirante
Ne répond plus à vos constants efforts,
Vous lui devez la truffe succulente,
Qui vient donner du nerf à vos ressorts.
Et vous traitez de goinfre et de vorace
Le doux ami, rognant sa portion;
Vous l'abaissez, et ce faible bonasse
Rêve sans cesse à votre érection.

Puis, ce Cochon, qu'ici-bas on décrie,
Sait-il ramper comme un vil courtisan?
Renia-t-il ses amis, sa patrie,
Pour obtenir un pouce de ruban?
Sots potentats, idoles qu'on encense,
Se gorge-t-il de vos mets savoureux?
Fier plébéien, il fuit la dépendance,
Et peut braver vos regards dédaigneux.

Un philanthrope exploitant la misère,
Un séducteur qui trompe un faible enfant,

Un vil cafard qui souille un presbytère,
Sont plus cochons que ce pauvre innocent.
Mais, pour couvrir leur sale turpitude,
Son nom servit de manteau, de plastron ;
Et, depuis lors, ils ont, par habitude,
Crié : — Haro ! haro ! sur le Cochon.

MARTIN.

CLASSE DES SCIANTS.

LOCOMOTION ANÉMIQUE.

—

Indiquez les idées émises jusqu'à ce jour sur la possibilité de la navigation aérienne.
Dans les conflits de priorité qui se sont élevés entre MM. Van Heck et Van Esschen, ne pensez-vous pas qu'on puisse décider la question en faveur de M. Kindt-Vanassche!

Je ne suis pas de ceux qui ont osé soutenir et soutiennent encore que la navigation aérienne est une idée en l'air.

Vous le savez, T:·:C:·:V:·:, la possibilité de rendre la route céleste tributaire des investigations de l'homme autrement que par les lunettes télescopiques et les cerfs-volants a été l'objet des études soutenues et approfondies d'une foule de savants ichthyophages. Personne n'ignore que depuis Pilastre-Desrosiers jusqu'à madame Manson, depuis Montgolfier jusqu'à M. Éloi qui se dit de Burdinne, depuis Gay-Lussac qui était fort triste, à ce qu'on assure, jusqu'à Papavoine, la science a promené, sans relâche, le scalpel du néologisme sur le cadavre inerte et galvanisé de l'aérostatique. Mais, il faut l'avouer à regret, elle l'a fait sans pouvoir parvenir à fixer, d'une manière indélébile, l'instabilité immuable d'un système dont la chiromancie n'était point la base et qui devait d'autant moins rencontrer d'adeptes qu'il était d'autant plus soumis à l'influence invisible des courants quadrilatéraux d'une atmosphère toujours méloplastique et carburée, soumise, elle-même, par l'imperceptibilité des atomes qui la composent, au dégagement lentement comprimé des gaz aborigènes et délétères.

Voilà pour les idées anciennes.

Il était réservé à la génération qui s'élève, à notre belle patrie déjà vieille dans sa jeune liberté, déjà mûre dans sa précocité tardive, de voir surgir un homme, que dis-je, deux hommes qui, plus heureux qu'Archimède, trouveraient enfin ce point d'appui que l'illustre victime de Syracuse avait demandé vainement pour remuer le monde. Et cependant, qui nous eût dit que dans un moment où la cherté des pommes de terre, ces bienfaisantes cucurbites si indispensables, j'oserai même dire si utiles à nos classes pauvres mais dissolues, est venue donner aux esprits une tension dangereuse, la Belgique, cette terre classique d'une théocratie sage autant que détestée, s'enorgueillirait en voyant deux de ses modestes enfants résoudre un problème sur l'insoluble solution duquel avaient pâli les élus de la science, semblables au beau Narcisse d'onanique mémoire? — Qui nous eût dit encore qu'à une époque où les frimas glacés du septentrion avaient annihilé les doux élans des ailes de la nature; que dans une saison où la partie sensitive de l'humanité subissait la prosaïque influence du paletot et du mackintosh, une contrée perdue dans l'immensité du globe jetterait sur son sol les bases éternelles des colonnes d'Hercule de l'aréostatique?

J'ai parlé de deux hommes comme auteurs de la découverte qui nous occupe; c'est vous dire assez que, dans l'irrésolution où m'a plongé une récente polémique, je n'ose attribuer ni à l'un ni à l'autre la priorité de cette idée sublime.

En effet, si, d'un côté, M. Van Esschen peut alléguer sa qualité d'ingénieur, de l'autre, M. Van Heck est autorisé à dire qu'il est fabricant de pianos à deux et à trois cordes et à plusieurs octaves. Et encore si, d'une part, M. Van Esschen produit des preuves écrites et antérieures aux documents inédits fournis par son antagoniste, à son tour M. Van Heck peut répondre avec fondement qu'il est docteur en médecine, ce qui suppose chez lui une connaissance approfondie des vents et de la manière de s'en servir.

D'après toutes ces considérations, il y aurait, ce me semble, de la témérité à vouloir, dès aujourd'hui, asseoir une opinion fixe à cet égard; d'autant plus que les derniers essais tentés au théâtre des Nouveautés, essais que j'ai suivis attentivement, sont loin de m'avoir éclairé. — En attendant, laissons planer sur deux encéphales que je vénère et que j'admire autant que je les connais peu, laissons planer, dis-je, et cela par égale moitié sur ces deux vastes intelligences, une glorieuse auréole dont les corps savants auront bientôt fixé la véritable place.

Quant à la part que M. Kindt-Vanassche pourrait revendiquer dans l'invention qui nous occupe, je la crois nulle et je n'en parlerai pas. Ce fonctionnaire aussi municipal que bon père de famille a bien, il est vrai, manifesté, dans le temps, le désir de s'associer spontanément à une ascension que devait faire M. Kirch, aéronaute généralement connu et apprécié, surtout quand il nous arrive de la forêt Noire; ce désir, je le sais, a eu du retentissement et a même valu à M. Kindt-Vanassche de précieux encouragements, de nombreuses marques de sympathie de la part de personnages haut placés sur l'échelle administrative; mais là se sont arrêtées toutes ses tentatives. — Par une circonstance aussi fortuite qu'inopinée, M. Kirch a dû quitter Bruxelles, et M. Kindt-Vanassche renoncer à son voyage aux régions hyperborées. Mais, ...
. . . .
. . . .

Avant de terminer, permettez-moi, V∴ C∴ A∴, de vous donner un aperçu de mon opinion personnelle sur la navigation aérienne, car, moi aussi, je nourris l'espoir de rendre ce genre de navigation possible; je serai court, pour ne pas abuser de vos loisirs.

Comme MM. Van Heck et Van Esschen, j'admets l'emploi des courants superposés et la résistance que chacun d'eux peut opérer sur la dilatation vermifuge de l'atmosphère, en cédant à la pression de l'appareil. Comme eux aussi, j'admets la voile qu'avait devinée Simon Stévin, et qui doit recevoir de l'opposition de ces mêmes courants une force d'attraction répulsive inhérente à la condensation de son élasticité psychrométrique. — Mais il m'a paru que ces messieurs n'eussent pas dû borner là tous leurs efforts et qu'ils eussent dû comprendre qu'au moyen d'une barre d'acier détrempé, suspendue dans l'espace et prenant son centre de gravité dans le vide, il eût été facile d'ajouter à leur machine aérienne un levier destiné à faire l'office du gouvernail de nos vaisseaux, attendu que cette barre d'acier, ainsi soutenue par le fluide et dégagée de tout contact galvanique et désopilant, aurait puisé dans sa densité relative les propriétés de l'aimant dont, vous le savez, l'air est saturé à toutes les élévations.

Il m'a semblé également que la personne appelée à diriger l'appareil devrait produire un certificat d'exemption de milice, et devrait, pendant trois jours, au moins, avant de tenter l'ascension, composer uniquement sa nourriture hebdomadaire de lentilles, de pois, de haricots, d'oignons, et prendre pour unique boisson une infusion d'anis ou de *vespétro*. Ces substances ovipares, dont on fait un grand usage à Rotterdam, à Pétersbourg, ainsi que dans toute la Westphalie, contiennent, ainsi que chacun a pu s'en convaincre maintes fois, de nombreux principes éoliens. Leur emploi, dans cette circonstance, pourrait être d'un immense secours. Ces principes, transformés en gaz azotés et légèrement phosphorescents, seraient à la disposition du conducteur de l'appareil; celui-ci les ayant, pour ainsi dire, sous la main, pourrait les lâcher avec plus ou moins de force, soit lorsque leur trop grande accumulation lui en ferait vivement sentir la nécessité, soit lorsque l'immobilité de la machine l'exigerait impérieusement, soit enfin. . . . .

. . . .

Sagement distribués par lui, on les verrait concourir à former de nouveaux courants qui viendraient lutter, avec un avantage marqué, contre les fluides naturels, puisqu'ils auraient pour base des substances animales transformées par la macération en sulfure alcalin.

Toutefois, je n'émets cette opinion qu'avec une extrême réserve; je laisse à des hommes mieux initiés que moi aux dédales de la stercologie descriptive et linéaire le soin glorieux mais difficile d'apporter la lumière dans cette question d'incrocornistificubilisation.

CLOOTBOOM.

CLASSE DES BÊTES-LAIDES.

LES AGATHOPÈDES.

Air : Il est un Dieu ; devant lui je m'incline.

Pour son berceau l'ORDRE AGATHOPÉDIQUE,
Murs fortunés, a choisi votre sein.
Les temps futurs n'auront point de relique
Plus digne un jour des vœux du genre humain.
Sur vos parois que le burin incise
L'emblème sain que tous nous vénérons,
Et dans nos cœurs gravons notre devise :
AMIS COMME COCHONS !

Vous l'avez dit, nos aïeux sont célèbres
Par leur vaillance et par leur appétit ;
Mais la première a des phases funèbres,
D'un vif éclat le second toujours luit.
Conserver pur l'éclat de notre gloire,
Tel est le but de nos réunions.
Frères, soyons dignes de notre histoire,
Et pleins comme cochons.

Mais de l'esprit le droit imprescriptible
A parmi nous fait entendre sa voix.
Faisons lui place. Allons, frère terrible,
Tire pour lui ton grand sabre de bois!
Pourvu qu'il soit sans recherche et sans gêne,
A la hauteur de tous les bons enfants,
Il peut venir et nous rendre sans peine
Cochons comme savants.

L'avenir même à mes yeux se dévoile :
Je vois partout pulluler les cochons.
Sur le pays notre nouvelle étoile
Répand ses feux et ses joyeux rayons.
A notre aspect fuit l'essaim fanatique.
Or, soyons donc bien vite, et dépêchons,
Pour le bonheur de la bonne Belgique,
Féconds comme cochons.

TIBERT.

CLASSE DES BÊTES-LAIDS.

ELOGIUM COCHONIS

IN RESPONSIONEM AD UNAM DE QUAESTIONIBUS PROPOSITIS

PER SOCIETATEM

ΑΓΑΘΟΠΑΙΔΩΝ.

FRAGMENTUM NOVALITER REPERTUM.

Expositio.

Flattores cantent reges; ego canto Cochonem.

Invocatio.

De cœlo inspira nostrum, Cocho sancte, libellum,
Sancte Cocho, tu quem accompagnavisse magistri
Antoni passus certum est, grimpantis Olympo,
Atque attirantis, per barbam, Capucinorum
Saligotam post se troupam, robasque puantes!

Synthesis.

Non mihi si linguæ centum sint, si mihi centum
Affuerint bouchæ, dentesque duo atque triginta
Centies, atque tuam, enormis Zelgere, parolam,
Non possem meritam laudem entonnare Cochonis.

6

Analysis.

Quid servunt asinus, chienus, catus atque caballus?
Non illos mangere licet, quæ dura vianda est.
Sed tecum nil perdutum, tecum omnia saucis
Engloutire libet variis, multumque potando.
Boudinum quid ego memorem, andouillasque friandes,
Saucissasque utrinque bonas, platasque rotundasque,
Atque illum docta dictum de gente fromagum
Italicum, atque aures, huramque, pedemque Cochonis,
Sancta, tibi, æternos sacrum, Meneholda, per annos?
Talia pensando, cum lingua tantalizata
Non ego me possum empechare labella lechare.

. . . .

. . . .

. . . .

Ex libris Rabonis.

DISCOURS DU P∴ G∴ M∴.

A∴ V∴, M∴ F∴ B∴ A∴!

Au moment de déposer les insignes vénérés de Grand Pourceau, au moment où je vais transmettre à un plus digne que moi les importantes et sacrées fonctions que vos suffrages acclamatoires m'avaient confiées, j'éprouve plusieurs besoins, borborygmes intellectuels, avant-coureurs d'une évacuation abondante dont mon cœur sent l'impérieuse nécessité.

Il y a un cycle, lorsque je revêtis pour la première fois le tabard de Grand Maître de l'Huître d'or et du Porc d'argent, je succédais à un animal qui avait laissé dans vos âmes primitives des impressions que rien ne pouvait laver, des souvenirs en présence desquels mon insuffisance devait encore ressortir davantage. Telle était la magique puissance de ces souvenirs, qui saturaient pour ainsi dire l'atmosphère de notre sanctuaire impénétrable; telle était la force motrice de ces impressions, dont les traces indélébiles n'avaient pu disparaître du fauteuil où, craintif, j'étais venu m'asseoir, que vos vœux et les miens, s'exhalant en grognements plaintifs, rappelaient encore ce vorace infidèle, bien qu'une défection mal raisonnée nous l'eût ravi peut-être pour toujours. . . . .

. . . . Jetons un voile funèbre sur ce frère, animal égaré, mort aujourd'hui pour l'ordre agathopédique. Ne remuons point ses cendres profanes, destinées désormais à servir de pâture aux nombreux canards que chacun de nous couve et fait incessamment éclore. Laissons-le se complaire et patauger au sein d'une société perdue, lui qui a eu le vil courage de déserter l'auge dorée, à laquelle nos saintes institutions lui avaient permis de s'engraisser, et de puiser les sublimes élans qui nous distinguent du vulgaire. . . . .

. . . .

Permettez-moi, T:·: C:·: A:·: M:·: F:·:, de vous retracer en peu de mots les événements et les travaux les plus remarquables dont, pendant le cycle écoulé, notre temple a été le théâtre.

Nos relations avec les villes étrangères se sont considérablement étendues; nous y avons rencontré de vives et nombreuses sympathies, chaque fois qu'il s'est trouvé dans leur sein des hommes capables de devenir convenablement bêtes, et d'apprécier la haute portée des lois agathopédiques. Mons, cette antique cité, où les noms de *sainte Waudru*, de *Gilles de Chin*, du *Lumçon* et du *Doudou* perpétuent de naïves et glorieuses légendes, Mons, abaissant ses ponts-levis, a voulu avoir sa cage d'Agathopèdes.

Namur, cette nymphe pudique de Sambre-et-Meuse, dont les fils se sont toujours distingués par leur amour pour la pêche aux *ablettes*, Namur, qui brille au premier rang des villes riches en souvenirs palpables de l'antiquité, et qui compte dans les conseils de la commune et de la province un homme zélé, je dirai même infatigable protecteur des arts, des sciences, de l'archéologie et notamment de la numismatique, Namur aussi a jeté les fondements d'une association semblable à la nôtre.

Si jusqu'à ce jour l'installation de ces cages a souffert quelque retard, j'aime à croire qu'il faut s'en prendre moins à l'activité des animaux néophytes qu'aux préoccupations politiques et sternutatoires auxquelles, depuis bientôt un cycle entier, l'Europe est bruyamment livrée, sans qu'il soit encore permis d'assigner un terme légal à ce déplorable *tohu-bohu* de la civilisation.

Notre calendrier agathopédique, impatiemment attendu par les animaux savants dont le monde fourmille, a enfin reçu une complète exécution. Il pourra paraître dans l'annulaire qui sera publié pour le cycle profane de 1850, et qui, à moins d'indiscrétions coupables que nous saurons punir, ne pourra être communiqué qu'à nos frères et sœurs en bestialité. Indépendamment des faits morrhoïdes relatifs à notre institution, ce précieux recueil, destiné à avoir un immense retentissement, malgré l'ombre dont sa publication sera enveloppée, renfermera plusieurs questions de haute intellectualité, traitées par nos co-animaux; un nombre considérable de chansons et dithyrambes agathopédiques, et de gracieuses illustrations dues à la patte facile du Blaireau.

Nous avons fait de nombreuses et rares acquisitions, en ouvrant les portes de notre ménagerie aux F∴ V∴ *Timert l'Ane, Pancer le Castor, Forcondet le Porc-Épic, Sprinckaert la Cigale, Peeterman la Licorne, Musart le Chameau, Argus le Lynx* et *Grimbert le Blaireau,* qui, tous, ont leur tanière en Belgique.

La Hollande nous a donné *Apteros le Perroquet,* tandis que la France nous envoyait *Rémus le Cachalot* et *Lithos le Campagnol.* Ces trois animaux, malgré l'éloignement de leur résidence, ne contribueront pas moins que vous, mes C∴ V∴, à la gloire de nos institutions aphrodisiaques. Je n'en veux pour preuve que la manière brillante dont ils ont répondu, lors de leur examen oral et manuel, ainsi que la force d'âme qu'ils ont déployée pendant les terribles épreuves de leur réception; épreuves devant lesquelles avaient reculé des hommes que le fer, le feu des bataillons n'avaient pas vu pâlir.

En effet, ...

. . . .

Pourquoi faut-il qu'à ce radieux tableau je doive opposer les pertes cruelles que nous avons éprouvées? Pourquoi faut-il que les niches de *Cricri le Grillon,* de *Bruyant le Taureau,* de *Courtois le Roquet* et de *Moufflard le Vautour* soient vacantes parmi nous?

A ces noms de bêtes aimables et regrettées, je vois vos museaux s'assombrir; je vois vos queues, ordinairement frétillantes, s'agiter tristement et balayer avec mélancolie le rustique parquet de notre temple.

Rassurez-vous, cependant; je nourris l'espoir que leur absence ne sera pas éternelle, et que le jour n'est pas éloigné où nous pourrons de nouveau presser la patte de ces animaux, qui, en attendant, demeurent empaillés dans nos cœurs et ganalisés dans notre mémoire.

Nous possédions depuis longtemps des œuvres artistiques d'un mérite incontesté, non-seulement comme reproduction exacte des beautés de la simple nature, mais encore sous le rapport des idées philosophiques et humanitaires qu'elles expriment en lignes harmonieusement éloquentes. La solution des questions qui avaient été posées aux F:·: V:·: récemment reçus a augmenté nos richesses. Bientôt notre musée, digne rival de ceux que l'on cite avec orgueil, n'aura plus rien à leur envier, si les bêtes qui parmi nous manient le pinceau tiennent les promesses qu'elles nous ont faites et qu'elles ont, je me plais à l'espérer, épurées au tamis de la sincérité.

Pour me servir d'une expression familière à un des écrivains de notre époque, le plus remarquable par la pureté et l'élévation du style, j'aime à croire que la blague est entièrement étrangère à des promesses auxquelles la solennité de nos institutions doit imprimer le sceau de la réalité.

Dans le chapitre conventuel et œcuménique du mois d'avril 1848 (passez-moi ce terme profane), vous avez accueilli, avec une faveur dont je sens tout le prix, quelques réflexions échappées à ma plume incorrecte et que m'avait suggérées le cataclysme politique qui remue en ce moment le monde.

De ce bouleversement, auquel le socialisme donne un caractère de perfectibilité défectueuse, surgira, osons l'espérer, un remaniement d'institutions provinciales, commandé par les besoins crépitants d'une civilisation avancée et par l'éclat des lumières qui tendent sans cesse à pénétrer jusqu'au cœur des populations les plus rebelles à la voix stridente de l'entendement.

En décernant la couronne glandaire à ma brochure intitulée : *Que veut l'Europe?* vous m'avez aidé puissamment à propager auprès du vulgaire les idées correctives et pentadécagones qu'un rationalisme éclairé, fruit d'études laborieuses, avait fait germer dans mon cerveau naturellement contemplatif. Vous m'avez permis, par un généreux concours, de mettre à la portée de toutes les intelligences des maximes transcendentales et corymbifères qui devaient amener dans l'homme une urtication morale nécessaire, indispensable même à son émancipation, en accélérant l'aurore du jour qui a vu naître le suffrage universel, si avantageux au prolétaire sans travail pour le développement de ses facultés contributives et professionnelles.

Conséquence naturelle de nos louables efforts, notre influence sur le monde profane a fait de notables progrès. Ai-je besoin de vous rappeler ces jours de lutte électorale, pendant lesquels notre force s'est révélée, et qui nous ont fait comprendre tout ce que la civilisation avait à attendre de notre union et de nos travaux?

Mais aussi, pour atteindre ce but, combien de résistances ne nous a-t-il pas fallu vaincre! combien de rudes combats n'avons-nous pas dû livrer à l'ignorance et à la calomnie, sans autres armes défensives que la pureté de nos institutions! Nous avons dû démolir pierre à pierre l'édifice étrange et pimellaire que les imputations les plus criminelles avaient élevé contre nous.

Sous le prétexte fallacieux que la société des Agathopèdes s'enveloppait d'un nuage impénétrable et ruffianique, pour dérober aux profanes ses mystérieuses cérémonies, la carrière des suppositions s'est ouverte béante, insatiable. Les uns ont prétendu, d'après quelques mots échappés à ses membres, que cette société ne tendait à rien moins qu'au renouvellement des mystères de la primitive Égypte, ou bien que, cherchant dans l'Inde idolâtre l'enseignement non simultané offert à ses adeptes, elle faisait répandre sur les autels de *Brahma* et de *Wishnou* le sang des victimes humaines. D'autres, entr'ouvrant en espérance les portes d'airain de notre sanctuaire, ont cherché à y découvrir le baquet de *Mesmer*, ou les colombes de *Cagliostro* fascinées par le fluide magnétique de la pile que Galvani et Volta ont immortalisée.

Des hommes amis du merveilleux, et flairant en tous lieux le sombre parfum du crime, ont été jusqu'à supposer que nous puisions dans l'enivrement du hatchi l'aveugle fanatisme au moyen duquel le *Vieux de la montagne* faisait jadis trembler le monde, sous les coups nuisibles de ses farouches sicaires.

Faut-il le dire?—et ici la supposition est encore outrageante,—ces hommes ont osé attribuer au mystère de nos travaux la grande quantité de fausses pièces de monnaie répandues dans la circulation. Élargissant toujours la double parabole de leurs infâmes accusations, ils n'ont pas craint d'avancer témérairement que nous appartenions à la police secrète, et que nous faisions un coupable trafic des confidences arrachées aux expansions de l'amitié et des lares domestiques. Vous rappellerai-je encore que ces hommes, insatiables dans leurs atroces accusations, ont vu en nous des agents occultes des cours étrangères de l'un et de l'autre hémisphère, acceptant d'elles un salaire avilissant pour égarer l'opinion et répandre parmi cette classe, aussi intéressante que stupide, du peuple illettré les sophismes dangereux que les modernes Érostrates de la propriété voudraient substituer brutalement aux sublimités de l'Évangile, base des lois protectrices qui nous assurent le libre usage de nos facultés prédominantes et muqueuses.

Vous le voyez, elles sont grandes les luttes qu'il nous a fallu soutenir pour arriver à cette placidité d'existence dont nous jouissons aujourd'hui. Le tableau synoptique et vaginal que je viens de dérouler à vos yeux est loin d'être exagéré; il ne retrace peut-être même pas toutes les accusations, toutes les ignominies qui ont été accumulées contre l'ordre agathopédique. Vous me saurez gré, sans doute, de me renfermer à cet égard dans un silence louis-napoléonien; car il est des choses dont l'homme craint de souiller son innocence et devant lesquelles, semblable au flot dont parle le spirituel M. Racine, il recule épouvanté.

En terminant, laissez-moi, C:·: E:·: A:·: A:·:, vous adresser quelques bons avis, et comme G:·: P:·:, dont le règne expire, et comme un de ceux auxquels la vétusté du pelage donne le droit d'être écoutés.

Maintenez parmi vous cette cordialité, constant apanage d'animaux bien éduqués. Dans vos joyeux ébats, sachez retirer à propos une griffe malencontreuse, et n'oubliez pas que de simples égratignures sont parfois difficiles à cicatriser, surtout quand le temps est à la gelée. Le véritable Agath∴, en inscrivant dans son code la maxime : *Aimez-vous les uns les autres*, a pris l'engagement de joindre l'exemple au précepte, non-seulement dans ce sanctuaire, mais aussi parmi les profanes au milieu desquels nous sommes malheureusement forcés de grouiller.

Venez, Singe vertueux et bien-aimé, revêtir ces insignes que vous saurez porter mieux que moi ; venez, Pontife sacré, présider à nos augustes cérémonies et prendre ce sceptre qui, dans vos pattes, doit assurer la glorieuse durée de l'Agathopédie.

MALADRESSE

EN RÉPONSE AU DISCOURS DU P∴ G∴ M∴

C'est toujours avec un nouveau plaisir que nous voyons arriver le dernier jour du règne de Votre Transcendance et le premier jour du pouvoir de votre successeur, car nous y trouvons l'occasion de venir déposer aux pieds du P∴ nouveau G∴ M∴ l'expression sincère du dévouement immortel que nous avons juré exclusivement à Votre Transcendance.

Nous avons vu avec satisfaction que les relations de la Ménagerie avec les Cages étrangères prennent de jour en jour plus d'extension. Namur, la pantagruélique cité, Mons, la fameuse capitale des ci-devant Nerviens, ont précédé le monde dans la voie de lumière et de progrès ouverte par l'Agathopédie. Nous nous en félicitons avec Votre Transcendance, et nous nous écrions avec elle : « Honneur à ces précurseurs de l'Avenir! » . . . .
. . . .

Les succès éclatants remportés par notre brave armée des canards, sous la conduite du vaillant général Pichaud, comte de Fortsas, ont fait tressaillir d'orgueil tous les cœurs des vrais Agathopèdes. L'ennemi sans foi qui a trahi celle qu'il avait jurée, A. G. B. S..., en un mot, accablé par ses défaites journalières, implore une paix que nos victoires permettent de faire payer chèrement à ce digne émule de la perfide Albion. Nous avons trop de confiance dans les ministres de Votre Transcendance pour n'être pas convaincus, dès maintenant, que notre attente ne sera point trompée et qu'une paix avantageuse et glorieuse sera le prix de combats si vaillamment soutenus.

Votre Transcendance est certaine de trouver en nous le plus loyal concours pour voter avec elle les lois de finance exigées par la situation actuelle. En nous permettant l'expression respectueuse du regret causé par le gouffre du bénéfice ouvert par votre ancien ministre des contributions et emprunts volontaires, nous sommes certains que les capacités spéciales et l'habileté de son honorable successeur auront bientôt mis fin à cet état de choses, et que l'année ne s'écoulera pas sans que nous ayons vu s'établir définitivement, dans notre situation financière, un déficit si désirable et si impatiemment attendu. . .

. . . .

. . . . (1).

Nous n'affligerons pas les fibres sensibles de Votre Transcendance qui s'éclipse, en lui dénonçant un parjure de son successeur. Si le Singe, enivré un moment par la pensée de la haute dignité qu'il occupe, en a trahi le mystère dans une réunion profane, devant trois F:·: V:·: consternés, nous implorons, ô G:·: P:·:, votre clémence d'abord, mais nous réclamons aussi votre justice. Fasse le Cochon que la série des grands maîtres s'achève sans tache, et que la haute cour de justice ne se voie plus dans la douloureuse nécessité de vouer à l'exécration des siècles un nouveau A. G. B. S.....!

(1) Voir la note, *suprà*, p. 15.

CLASSE DES BÊTES-LAIDES.

COURS D'AGATHOPÉDIE BIBLIQUE.

Air du bal Mabille.

Au temps de nos aïeux,
Tout était radieux;
Le venin des serpents
Se distillait en propos séduisants.
Les ruminants parlaient un doux langage.
Sans avoir fait leurs cours d'humanités,
Sans posséder les tropes en usage,
Ils péroraient mieux que nos députés.

Les poissons guérissaient;
Les dragons voituraient;
Les sphinx magnétisaient,
Et les chameaux agathopinisaient.
Pour leurs convents, ils eurent une cage,
Qui renfermait un monde dans ses flancs.

Le vieux Noé, pour un second étage,
N'exigeait pas deux cent et vingt-cinq francs.

Ce bon règne animal
N'avait pas de journal,
De mouchards décorés,
Ni de placards sur des papiers timbrés.
La voix de Dieu, roulant sur le nuage,
Dictait ses lois aux animaux béants;
Et les échos, de rivage en rivage,
Les redisaient aux flots des océans.

On adorait les veaux;
On parait les taureaux;
La hache des bourreaux
Sut respecter la tête des pourceaux.
Pourceau chéri, tes grâces enfantines
De saint Antoine ont charmé les loisirs;
Ta douce voix, aux notes argentines,
A su calmer ses lubriques désirs.

Les buissons discouraient;
Les ânes raisonnaient;
Les flots obéissaient ;
En traits de feu les murs prophétisaient.
Bel âge d'or, c'est à ton influence
Que nous devons la douce égalité;
Les potentats de puissance à puissance
Avec la bête avaient fait un traité.

Le grand roi Salomon
Fut sage, mais cochon;
Car sur six cents tetons
Il déchargeait ses appétits gloutons.
Royal soutien de l'Agathopédie,

Que ton pénis nous serve de fanal!
Je voudrais voir figurer ta momie
Au muséum de la porte de Hal.

Job vécut en pourceau,
Trônant sur un monceau.
Ézéchiel mangeait
Certain ragoût qui vous répugnerait.
Vous vous targuez du titre de vorace,
Mais Ésaü se montra plus glouton;
Car nul de vous ne céderait sa place
Pour un vil plat indigne d'un cochon.

Nabuchodonosor,
Cynique matador,
A su, pendant sept ans,
Boire et manger avec les ruminants.
Nos rois du jour auraient-ils le courage
De digérer ce bestial affront,
Et de troquer leur plus bel apanage
Contre celui de deux cornes au front?

Mais tout change, morbleu!
Je n'y vois que du feu;
Sur des coursiers morveux,
Mille démons escaladent les cieux.
Tout disparaît, et la terre s'éclipse.
Voici briller cent mille paires d'yeux,
Et néanmoins, dans votre apocalypse,
Malgré ces yeux personne n'y voit mieux.

D'énormes chandeliers
Parlent en bacheliers.
Entendez-vous les cris
De ces dragons, pistaches, bleus et gris?

Les éléphants enfourchent les vipères;
D'affreux lézards violent les chameaux;
Les colibris accouchent de chimères;
On voit pleuvoir des ours et des crapauds!

Les étoiles s'en vont,
Et la lune se fond;
Le soleil s'est caché :
Il redoutait de se voir... canulé!
Tout se confond dans ce cloaque immonde;
Tout est visqueux, gluant et purulent.
Le feu du ciel se prostitue à l'onde,
Qu'on voit cailler en bave de serpent.

Sur cet infect limon
On vit, assure-t-on,
Briller notre cochon,
Les yeux sereins, une auréole au front!
Pourceau pascal qui gouvernes le monde,
Viens parmi nous, préside ce festin!
Si ton pontife a l'air par trop immonde,
Rassure-toi, car il va prendre un bain!

Descends du haut des cieux!
Apparais à nos yeux!
Que ton groin gracieux
Vienne plonger dans ce nectar mousseux!

MARTIN.

CLASSE DES SCIANTS.

THÈSES, SYNTHÈSES, PROSTHÈSES, HYPOTHÈSES,
ANTITHÈSES ET PARENTHÈSES DE PHILOSOPHIE GÉOMÉTRIQUE,
ASTRONOMIQUE, CHIMIQUE ET THÉRAPEUTIQUE.

—

Quelle est, selon vous, l'origine et la destination des comètes ? Partagez-vous l'opinion du savant théologien De Ram qui regarde ces astres comme une conséquence immédiate du péché d'Adam ?

Les comètes ne sont pas ce qu'un vain peuple pense. Longtemps on les regarda comme des signes effrayants, d'épouvantables précurseurs de cataclysmes et de catastrophes; erreur déplorable que partage encore de nos jours le savant recteur de l'Université de Louvain. M. De Ram, par une synthèse assez spécieuse du système chevelu de notre mère Ève et de la queue tentatrice du serpent, a imaginé de reporter au péché de la pomme d'Adam ou de Calville l'origine des comètes. Que le serpent ait fait la queue au père Adam, le chevalier Marchal seul en doute; mais tout le monde avec le laborieux M. Roulez reconnaît aujourd'hui que le fruit de cette union, accomplie sous un pommier, n'a jamais été une comète plus ou moins chevelue, mais bien le premier gredin, le premier chenapan du monde, Caïn, le digne

8

père de son digne fils Tubalcaïn, inventeur des cornets à piston et des sax-horns. L'étude approfondie de nombreux pots étrusques a conduit M. Roulez à consigner, dans un mémoire qui ne sera pas lu dans la prochaine séance de la Classe des lettres, l'opinion que tous les amis de la science et du bourgogne s'empressèrent de partager : — Les comètes sont exclusivement destinées à exercer une influence heureuse sur la maturation des raisins et sur le développement de cet arome particulier que les siroteurs et les gourmets désignent sous le nom fleuri de *bouquet*.

La première comète apparut à l'époque où le comte de Noé planta les vignes pour s'y mettre à l'aise; mais il s'y mit avec tant d'intempérance que Dieu, qui n'avait pas encore inventé le père Matthew's, envoya à Noé le déluge, tout simplement pour lui faire mettre un peu d'eau dans son vin. C'est à cette époque mémorable que Cham, l'indigne fils du père Noé, inventa la caricature, mais en abusa dans les *Charivaris* du temps, pour se moquer de l'auteur de ses jours.

La grande comète qui apparut avant l'ère chrétienne n'annonçait pas la mort de César, mais une année de bon falerne, corsé, sec et savoureux. Les odes d'Horace, où cet Agathopède par trop pédophile se montre plein de son sujet, prouvent ce fait à l'évidence. Enfin, faut-il rappeler au souvenir et aux palais de la docte assemblée l'année 1811 et la comète providentielle dont la queue bienfaisante agit d'une manière si efficace sur les différents crus? — J'espère l'être sans de plus amples développements.

Une objection se présente cependant et je ne dois point l'éviter. L'année 1846 a fourni des vins de la plus pantagruélique espérance, et nous n'avons pas eu de comète remarquable, bien que des astronomes allemands voués à la culture spéciale de ces produits stellaires en aient étudié cette année trois ou quatre.

L'objection est assez fondée en apparence; mais, pour la rencontrer, nous ferons seulement remarquer l'apparition de la *soi-disant* planète Leverrier. M. Leverrier est-il bien sûr d'avoir affaire à une planète? Nous ne voulons pas être accusé de jalousie, et, parce que la sœur de l'illustre planétimètre vient d'obtenir un bureau de timbre, nous refuser à enregistrer ses titres aux faveurs royales; nous nous contenterons de dire que, si un Allemand a pu *trouver* la planète calculée par M. Leverrier, l'observatoire de Monaco ou M. Quetelet pourraient bien faire de nouveau la queue à l'astronome français, en découvrant celle de sa prétendue planète.

Partagez-vous l'opinion du docteur Servais qui prétend que le mal vénérien n'est qu'une oxydation? Justifiez votre opinion par des exemples, et donnez-y quelques développements.

Nous nous rallions sans hésiter à l'opinion du savant docteur Servais.

Avant lui, ainsi que nous le verrons dans le cours de cette étude, l'empirisme et le hasard avaient basé sur le fait de l'oxydation les moyens thérapeutiques employés contre le mal vénérien; mais c'est l'éclair de son génie qui est venu luire sur ce point obscur de la science, et a déroulé aux yeux du monde étonné la doctrine la plus hardie que l'homme ait imaginée depuis la théorie de Copernic sur le système du monde et les brillantes hypothèses de Mathanasius sur le rhume de cerveau.

Voici, le plus succinctement possible, le résumé du travail de notre compatriote.

L'appareil génito-urinaire, considéré sous le rapport amoureux et copulatif, est soumis aux lois qui régissent les phénomènes électriques.

Deux fluides forment le fluide cupidique :

1° Le fluide *positif* ou *vitreux*, et, selon le docteur Servais, *vitrique*. Il agit de bas en haut sur le pendule charnu qui s'attache au bas-ventre; il existe chez l'homme depuis la puberté jusqu'à la décrépitude; il existe chez la femme à tout âge, mais les courants sont internes, et produisent beaucoup de chaleur.

2° Le fluide *négatif* ou *résineux*, et, suivant notre auteur, *résigné*. Il agit de haut en bas; domine chez l'homme dans l'enfance et la vieillesse; n'existe jamais chez la femme que dans les cas de maladie grave et dangereuse.

Ces fluides se développent sous l'influence de la chaleur humaine; ils se développent aussi par le frottement, et sont aidés par les aliments électriques, tels que la truffe, la vanille et tous les aphrodisiaques.

Quand deux corps chargés de fluide positif se touchent et se réunissent, les fluides se rejoignent, la décharge a lieu, et les mystères de l'extase voluptueuse s'accomplissent.

Voilà pour la théorie de la copulation dans l'état de santé.

Mais la femme, qui est toujours à l'état positif, peut, en cas de maladie, développer du fluide *négatif*, lequel, ne trouvant pas chez l'homme, *positif* dans ce moment de passion, du fluide négatif pour s'y unir, agit sur le conducteur caverneux du mâle, s'y infiltre, le pénètre, le brûle et produit une véritable oxydation de la glande pinostatique et des ganglions sous-bandillaires. Un oxyde jaunâtre se développe, se dissout dans les humeurs séminifères et vient s'épancher au dehors sous forme de mucus semi-liquide, insoluble dans l'alcool, soluble dans le copahu et la salsepareille.

Soumis à l'analyse, ce mucus a donné pour 100 parties :

Caoutchouc.	60 %
Acide sulfurique. . . .	21 %
Rognures de fer-blanc. .	19 %
	100

corps dont l'existence était depuis longtemps démontrée dans ce mucus, mais dont les proportions et le poids étaient inconnus avant les belles recherches du docteur Servais.

Nous devons maintenant rappeler quelques faits qui viennent confirmer nos opinions :

1° La dissolution de ce mucus que la médecine opère depuis longtemps par le copahu et le vin de salsepareille;

2° Les injections de nitrate d'argent qui, réduit à l'état métallique par l'acide vérolique, forme un vérolate d'argent, lequel tapisse la paroi interne de l'appareil génital et le préserve de l'oxydation;

3° Le fait analogue qui se produit avec le mercure; dans ce cas il se forme du vérolate de mercure;

4° L'usage des étuis de baudruche, ou paletots britanniques, qui agissent comme paratonnerres ou corps isolants, et permettent à l'homme de braver le fluide négatif de la femme;

5° L'existence normale de ce fluide chez les pensionnaires de Koekelberg et Vanbever, qui sont incapables de ressentir les désirs positifs: dix ans de travaux assidus et de recherches laborieuses dans ces asiles scientifiques ont fourni au docteur Servais des armes qui rendent maintenant son opinion inébranlable;

6° L'usage antique et peu solennel de l'infibulation orientale qui consistait à traverser le prépuce par un grand anneau métallique : cet anneau était tout simplement une bague galvanique que les industriels modernes ont eu la prétention de réinventer (1). Cette bague galvanique produisait un courant constant et perpétuel de fluide négatif qui pouvait ainsi neutraliser celui de la femme. Pline assure que jamais un infibulé n'a été victime de ce fléau destructeur, qu'on nomme le virus, selon Diodore de Sicile, parce qu'il nous a été légué par une invasion de Cosaques. Sur ce point délicat d'étymologie, Hippocrate ne dit pas oui, Galien n'ose dire non, et le docteur Servais ne dit rien.

Je n'en dirai pas davantage. — *Dixi.*

ROUSSELET.

(1) S'adresser au magasin anglais chez Wolbert, rue de la Magdeleine; ne pas confondre avec le trop fin Licot.

HYMNE AU COCHON.

Cochon auguste et vénéré,
Aux oreilles pendantes,
Pour chanter ton groin sacré,
Soutiens nos voix tremblantes.
Reçois cette libation,
La faridondaine, la faridondon.
Règne à jamais sur ces lieux-ci,
Biribi,
A la façon de barbari,
Mon ami.

Des vieux Gaulois, nos bons aïeux,
Nous relevons l'emblème.
Au Porc noble et majestueux
Offrons le diadème.
Certe il te sied bien mieux, Cochon,
La faridondaine, la faridondon,
Qu'à bien des rois de ce temps-ci,
Biribi,
A la façon de barbari,
Mon ami.

Tu remplis de ta majesté
Ce nouveau sanctuaire.
Quand le souper est apporté
Tu nous pousse à bien faire.
Contre toute indigestion,
La faridondaine, la faridondon,
Ton appétit nous garantit,
Biribi,
A la façon de barbari,
Mon ami.

Grasse et bénigne déité,
Des dieux le vrai modèle,
Tu daigneras, vienne l'été,
Au vorace fidèle
Te donner en communion,
La faridondaine, la faridondon,
En immolant jusqu'à ton fils,
Biribi,
A la façon de barbari,
Mon ami.

Dans les grands et petits endroits,
Tu verras tes apôtres
Confesser, en dépit des lois,
Ta doctrine, et les autres
Diront, pleins de componction :
La faridondaine, la faridondon,
« Je veux être Cochon aussi ! »
Biribi,
A la façon de barbari,
Mon ami.

O Cochon, ainsi grandira
Ta puissance féconde,
Dont l'éclat bientôt couvrira
La surface du monde.
Qu'à jamais règne le Cochon !
La faridondaine, la faridondon.
Que partout son nom soit béni !
Biribi,
A la facon de barbari,
Mon ami.

TIBERT.

COMMISSION DU BUDGET.

RAPPORT FINANCIER (1).

V:·:, le gouvernement du G:·: M:·:, fermement résolu à faire régner l'ordre et l'économie dans les finances de la M:·:, s'est attaché à scruter tous les services publics, à rechercher les améliorations qui pouvaient y être introduites, et, tout en maintenant une bonne administration, à faire disparaître les abus qui avaient pu y pénétrer.

La M:·: se convaincra, je l'espère, en examinant les budgets que j'ai l'honneur de lui présenter, que le bureau n'a point failli aux devoirs rigoureux qu'il avait à remplir.

(1) Cette pièce curieuse est la seule, en style vulgaire, qui fournisse quelques renseignements sur les ressources dont disposait l'Ordre des Agathopèdes.

On y remarquera que, de même que dans les budgets des États modernes, il n'y est jamais question que de millions, avec cette différence, toutefois, qu'ils y figurent bien positivement à l'ENCAISSE. C'est sans doute à cette circonstance anormale qu'il faut attribuer la prompte dissolution de la Société des Agathopèdes, au premier danger dont elle a été menacée, puisque ailleurs *la prospérité toujours croissante* est principalement basée, au dire des habiles en matière financière, sur un DÉFICIT de plus en plus colossal et, par cela même, d'autant plus rassurant. (*Note de l'Éditeur.*)

Avant d'appeler votre attention sur les budgets, je vais, en peu de mots, V∴C∴, dire quelle était notre situation financière à la chute de P∴ Ier, d'infâme mémoire, et ce qu'elle est aujourd'hui.

Au moment où éclata la révolution du *Ballon*, qui fut suivie de l'apostasie et du renversement d'un G∴ M∴ parjure, le découvert du trésor était considérable. Il y avait à pourvoir à l'insuffisance sur les exercices antérieurs, pour nous trouver libérés envers le Baes du local que l'on quittait, — en tout. . . . . fr. 24,000,000 00

Pour faire face à ces besoins, mon prédécesseur eut recours à un *prêt forcé* consenti librement par six membres de la M∴, remboursable à la paix générale, si les finances de l'Ordre le permettent.

Remarquez, V∴M∴F∴, que je me sers de l'expression *prêt forcé,* au lieu de celle d'*emprunt forcé* généralement employée dans le monde officiel et profane, et qui a sur la nôtre l'avantage de n'avoir pas le sens commun.

Au mois de juin de l'année dernière, mon prédécesseur, dont le zèle, l'intégrité et la sage économie marqueront à jamais le passage dans la direction de nos finances, ayant été appelé, par le gouvernement profane, à faire le portrait en pied du vénérable bourgmestre de Stavelot, et à repeindre le pourpoint du géant de Bassebodeux, l'*intérim* de la gestion des finances de l'Ordre me fut confié momentanément.

Le 24 novembre (style profane), le Singe me fit la remise définitive de sa caisse montant à. . . . . . . fr. 18,000,000 67

Aujourd'hui, l'encaisse en numéraire s'élève à la somme de 25,000,000 35
ainsi qu'il sera justifié par le compte général des recettes et dépenses de l'Ordre, qui sera déposé entre les mains de la commission spéciale faisant fonctions de cour des comptes.

Il y aurait à ajouter à cet encaisse. . . . 16,000,000 00
à récupérer pour l'entrée d'un trimestre de la cotisation d'un vorace.

En tout 41,000,000 35

Les recettes présumées pour 1849 sont :

1° Excédant de recettes sur les années antérieures	fr. 41,000,000 35
2° Cotisation de 16 voraces à raison de fr. 24,000,000	384,000,000 00
	fr. 425,000,000 35

Les dépenses :

1° Location aux Galeries, à raison de fr. 58,000,000-87 c. par trimestre	fr. 235,000,000 48
2° Salaire de la Fourmi.	72,000,000 00
3° Location du poêle	8,000,000 00
4° Huile et bois	20,000,000 00
5° Dépenses imprévues	25,000,000 00
	fr. 360,000,000 48

Excédant présumé des recettes sur les dépenses	fr. 64,000,000 87
Si nous ajoutons à cette somme le produit probable des entrées et des cotisations à payer par les nouveaux membres, produit que j'estime devoir être d'au moins	150,000,000 00
à raison de cinq N∴ V∴, — l'encaisse en numéraire, à la fin de l'année 1849, pourrait être de	fr. 214,000,000 87

Ce résultat vous paraîtra satisfaisant, sans doute. Mais n'y aurait-il pas moyen de l'améliorer encore, et devons-nous nous arrêter dans la voie du progrès économique? Telle est la question que nous nous sommes sérieusement posée.

Parmi les expédients les plus ingénieux, imaginés récemment dans les républiques héréditaires et autres pour diminuer le chiffre des budgets, nous avons remarqué, avec l'envie de nous l'approprier, l'idée sublime de rogner le salaire des fonctionnaires publics, au bénéfice de ceux qui ne fonctionnent pas du tout. Seulement, une difficulté nous arrête; les fonctions publiques de l'Ordre des Agathopèdes ne sont pas salariées.

Un membre du bureau fit alors observer que cette circonstance ne devait pas mettre obstacle à l'application d'un principe, et que rien n'empêchait d'imposer à nos fonctionnaires une retenue, non pas proportionnelle aux appointements qu'ils n'ont pas, mais en rapport avec la dignité de leur charge; — non pas d'autant par cent, mais d'autant par écaille d'huître.

Un projet de règlement, *basé* (style parlementaire) sur cette idée, vous sera présenté au nom du P∴ G∴ M∴. Vous aurez, V∴ M∴ F∴, à l'examiner avec tout le soin que comporte cette grave question.

POUR LA COMMISSION DU BUDGET,

Le Rapporteur,

GOUPIL.

CLASSE DES SCIANTS.

CLINIQUE DES SOLANÉES.

Faire l'histoire pathologicothérapeutique de la maladie des pommes de terre.

Pour ne pas abuser considérablement de votre patience en traitant la question de haute médecine qui m'est soumise, je veux être bref et vous présenter, en aussi peu de mots que possible, l'histoire pathologicothérapeutique de la maladie des pommes de terre.

Je commencerai par vous dire, — et en cela je cède à un besoin pressant, — que je n'admets aucune des opinions fallacieuses qui ont été émises tacitement tant par les cultivateurs, les botanistes, les agrophiles et les numismates, que par les hommes de cabinet qui se sont voués à l'étude de l'économie politique et diurne. — Dussé-je déplaire à M. Morren, qu'il ne faut pas confondre avec son homonyme, le notaire, je me prononcerai ouvertement contre le système de contagion, bien que je reconnaisse la puissance d'un agent invisible et provocateur, mais qui, dans tous les cas, n'a pu imprimer à la maladie qu'un caractère épidémique facile à combattre et à vaincre par les moyens subversifs que j'indiquerai plus tard.

La maladie des pommes de terre n'a point été, comme l'ont prétendu quelques-uns, une affection cancéreuse provoquée par l'intempérie révulsive des saisons pluvieuses, ou, selon d'autres, une hypertrophie du tissu cellulaire, ayant sa source dans la dégénérescence successive du tubercule, provenant d'une semence dont la fleur, arrêtée dans son développement, ne présentait qu'un pollen infécond.

Je n'admets pas non plus, et je repousse même avec force, ce qu'ont osé avancer plusieurs nosologues qui, trop pressés de résoudre la question, ont cherché à expliquer la cause de cette maladie par la présence d'animalcules infusoires voltigeant dans l'air à des hauteurs plus ou moins inconnues, comme à l'époque fatale du choléra en 1832.

Je repousse encore, et toujours avec une force ascendante et progressive, l'opinion de ceux qui ont voulu trouver cette cause dans le voyage scientifique et de circumnavigation qu'a fait à Sainte-Hélène le prince de Joinville, pour rendre à la France éplorée les cendres vénérées du plus grand capitaine des temps modernes.

Donner à la maladie des pommes de terre une cause purement politique, c'est vouloir, passez-moi la hardiesse de l'expression, jeter au milieu des populations agricoles et urbaines des ferments de discorde, des germes de masturbation, dont les partisans, même les plus éclairés, de la nouvelle loi sur la milice, n'ont pas calculé toutes les conséquences, et qui ne pourraient d'ailleurs être admises que parmi les hommes attachés à l'individualisme qui ordonne de considérer le sentiment de conservation comme un mot vide de sens. A quoi servirait, en effet, si ce principe était admis, l'organisation d'une foule d'établissements et d'institutions utiles, tels que l'hôtel des Invalides, à Paris, le club Krockfort, à Londres, Bicêtre, les maisons de passe et le magasin pittoresque; et, dans un but purement moral, les concours de chant d'ensemble, les anciennes chambres de rhétorique, les écoles de natation, les boulangeries sanitaires, les cabinets d'entomologie, les inodores et les fabriques de macaroni?

A quoi servirait ensuite . . . .

. . . .

. . . . (1).

Un pareil système porte avec lui sa réfutation. Si je prends la peine d'en parler ici, c'est donc bien moins pour le combattre que pour m'en déclarer l'antagoniste, attendu que je croirais manquer au mandat qui m'a été confié, si je m'engageais à la légère dans une controverse où la science du socialisme n'aurait rien ou peu de chose à gagner.

Mon but, en traitant la question relative à la maladie des pommes de terre, est de la présenter sous une face entièrement nouvelle et sous son véritable point de vue. J'espère y parvenir, je le dis sans crainte, car la pomme de terre a été pour moi l'objet d'études longues et approfondies. Chaque jour, je me livre encore, à l'égard de ce succulent convolvulus, à une cohue de recherches d'autant plus précieuses que, tout en charmant mes loisirs, elles font circuler en mes veines ce suc nutritif, substantiel et corroborant, si nécessaire à la continuation de mon individualité. Tantôt je m'aide du solide beefsteak, tantôt du pudique et modeste bœuf bouilli; quelquefois le poisson plus ou moins frais vient me prêter son secours, et, dans l'une ou l'autre circonstance, ainsi que l'auguste monarque qui présida naguère aux destinées de la France, c'est toujours avec un nouveau plaisir que je me retrouve au milieu de cette garde nationale de mon estomac.

Aussi, la mémoire de Parmentier est-elle sainte pour moi. — Je préfère la douce et paisible renommée que ce bienfaiteur de l'humanité s'est acquise, à juste titre, à celle de maint guerrier qui n'a dû, la plupart du temps, son immense mais déplorable célébrité qu'aux flots amers de larmes et de sang qu'il a fait répandre.

Certes, un conquérant, dans sa fortune altière, peut se faire un jeu des *Scheppers* et des lois; je lui permets de trouver quelque agrément personnel en voyant la poussière de ses pieds empreinte sur le bandeau des rois et des princes de la Confédération germa-

(1) Voir la note, *suprà*, page 52.

nique. Tout cela est beau, grand, sublime même, au point de vue de la centralisation des pouvoirs, du despotisme de l'unité gouvernementale. Mais tout cela vaut-il la gloire olfactive dont notre reconnaissance et notre admiration pour Parmentier enregistrent quotidiennement les titres indélébiles à l'impérissable folio de la postérité ?

Non, non, messieurs, cela ne peut pas être. Rappelez-vous qu'Attila, à l'apogée de sa gloire, au milieu de ses victoires et de ses conquêtes, fut surnommé le *Fléau de Dieu!* Cette épithète, aussi méritée que peu flatteuse, ne pèserait point sur sa mémoire si, au lieu de porter le fer et la flamme chez les nations conquises, il leur avait distribué gratuitement, moyennant une légère rétribution, quelques milliers de kilogrammes de pommes de terre de la meilleure espèce, présent qu'il lui eût été facile de faire, puisque déjà, à cette époque, l'approvisionnement des armées en campagne avait reçu une certaine organisation, et que les intendants militaires, bien qu'ils portassent un autre nom, étaient en pleine activité.

Quelques sceptiques m'objecteront, je le sais, que la solanée dont il est question ici n'a été connue en Europe que vers le milieu du quinzième siècle, et qu'elle n'a reçu un commencement de propagation qu'en 1585, après que l'amiral Walter Raleigh, que je n'ai pas l'honneur de connaître personnellement, en eut rapporté quelques-unes de l'Amérique septentrionale.

Je répondrai tout simplement à cette objection qu'elle est le résultat d'une grossière erreur dont, à mon grand étonnement, il n'est point fait mention dans l'ouvrage intitulé : *l'Art de vérifier les Dates*. Le *solanum tuberosum*, contrairement à ce que disent beaucoup d'auteurs qui ont écrit sur les lépidoptères et le calcul duodécimal, est bien certainement antérieur au déluge ou, tout au moins, au dernier cataclysme qui a fait le globe ce qu'il est aujourd'hui. Il est rationnel, en effet, de se dire qu'il eût été moralement et surtout physiquement impossible à Noé, ainsi qu'à son intéressante famille, de se sustenter pendant quarante jours dans l'arche sans le secours de plusieurs boisseaux de pommes de terre. Mais malheureusement il en est de ce fruit onctueux comme de tant de choses dont la grande utilité n'a été reconnue qu'après plusieurs siècles d'indifférence et d'oubli. Car, messieurs, sans parler de Héron d'Alexandrie qui était un aigle, pour son époque, et qui, le premier, eut l'idée que la vapeur pouvait être employée comme force motrice, n'est-ce pas au commencement du dix-septième siècle que déjà Salomon de Caus, traité de fou par Richelieu et par la spirituelle Marion de Lorme elle-même, avait découvert la puissance de cette huitième merveille et rêvé, dans le silence de la méditation, ces prodiges d'industrie, de vitesse, je dirai même de célérité, qu'il n'était réservé qu'à nous de voir s'accomplir? Et n'est-ce pas en 1764 seulement, c'est-à-dire près de deux cents ans plus tard, que Wat, cet enfant audacieux de la brumeuse et perfide Albion, vint donner une application réelle et durable au rêve sublime d'un génie incompris?

Et cependant, Salomon de Caus, lui dont le nom est à peine connu aujourd'hui, lui qu'on appelait insensé dans cette noble France qui nous a donné Corneille, Desbureau, Racine, Fumade, Proudhon et le marquis de Bièvre; lui qu'on plongeait dans un cachot humide, tandis qu'à Rome il eût eu des autels, et que, de nos jours, il en habiterait un à porte cochère, magnifiquement meublé et pourvu d'écuries pour beaucoup de chevaux, Salomon de Caus, dis-je, avait trouvé ce bras herculéen qui, plus tard, devait changer complétement les institutions du monde, enchaîner la tempête et réduire la royauté *Lafitte et Caillard* aux proportions de la nullité présidentielle!! A Salomon de Caus, les fers, l'ignominie et l'oubli; à l'autre, la gloire, les honneurs, sans compter une foule d'actions au porteur dans les sociétés établies pour la construction de chemins de fer plus ou moins directs.

Si Parmentier n'eut pas à souffrir les persécutions qui accablèrent Salomon de Caus, il dut néanmoins lutter péniblement contre l'ignorance et les injustes craintes des populations, avant de voir sa pomme de terre appréciée et acceptée comme un bienfait. — Quoique simple apothicaire, il connaissait les hommes sous toutes les faces; voyant qu'ils refusaient obstinément ce qui leur était offert avec générosité, il eut recours à un ingénieux stratagème. Bien loin de donner encore son tubercule, il fit courir le bruit que les gardiens de ses propriétés avaient reçu l'ordre d'exercer une surveillance active autour des champs dont la récolte allait se faire. — Qu'arriva-t-il de cette surveillance qui d'ailleurs n'était qu'illusoire? — C'est que tous voulurent posséder un fruit auquel ils attachèrent un grand prix dès qu'il leur fut interdit d'en avoir. On en déroba, et la pomme de terre, livrée à la circulation, cessa bientôt d'être rare. C'était précisément ce que désirait Parmentier qui atteignait ainsi, par une heureuse supercherie, le but auquel tendaient ses généreux efforts. — Aussi j'espère, messieurs, que vous me pardonnerez d'avoir fait son éloge, et d'avoir insisté sur ses titres à notre gratitude. De tels hommes sont rares, surtout parmi les apothicaires, et nous devons, ce me semble, tirer leurs noms de l'oubli, quand la froide injustice de leurs coreligionnaires les y a fait tomber.

La maladie des pommes de terre qui a fait tant de bruit, qui a causé tant de terreurs, parce qu'elle offrit, à son origine, un caractère épiphénoménal, était plus facile à guérir et notamment plus facile à prévenir qu'on ne pense. Après de nombreuses observations astronomiques, résultat d'une longue expérience, je suis resté convaincu que cette maladie prenait sa source dans un virus variolique tout à fait semblable à celui qui provoque chez l'homme enfant l'affection appelée communément petite vérole, pour la distinguer de sa sœur aînée, et connue dans les provinces wallonnes sous le nom de *poquettes*. Ce qui prouve mon assertion, c'est que la maladie, dès le principe, s'est manifestée par des taches sous-cutanées laissant des marques profondes à chaque tubercule et portant le caractère pathogénique de *l'anasarque* ou enflure du corps. La cause déterminante de la maladie était donc une *dyspepsie* inflammatoire ayant son siége dans l'épiderme du fruit dont la partie charnue absorbait, par un contact immédiat, les principes morbides et délétères du *Nimbosus*.

Mon système, vous le voyez, appartient à l'ancienne médecine mentale préconisée par *Vésale, Eustache* et *Confucius*. — Ainsi que ces maîtres, je pense que toutes les maladies offrant, soit chez l'homme, soit dans les végétaux, des symptômes de tumeurs, de luxations et d'ulcères, doivent être traitées par des moyens diététiques, quoique leur peu d'affinité avec les affections internes ne permette pas de les soumettre à des considérations générales et sommairement développées.

Il résulte, j'ose l'espérer, des explications que je viens de donner avec toute la clarté que permettait l'emploi de termes exigés par la science, que la maladie à laquelle ont succombé, jeunes encore, tant de pommes de terre, n'était pas autre chose qu'une petite vérole végétale.

Eh bien! messieurs, n'est-il pas rationnel alors de soumettre à un traitement prophylactique celles que nous avons pu sauver, et de prévenir ainsi, pendant la végétation prochaine, une nouvelle invasion du mal ou plutôt le développement du principe morbide que chaque tubercule porte avec lui? — Je ne vois d'autre moyen d'échapper au fléau qui, depuis longtemps, répand le deuil sur nos tristes campagnes, qu'en vaccinant, une à une, toutes les pommes de terre destinées à être plantées cette année. Le moment est favorable, j'oserai même dire opportun, pour tenter une expérience qui, j'en ai la conviction, réussira pleinement, si M. Donies, major, commandant le corps utile et vénéré des sapeurs-pompiers, veut bien mettre à la disposition des autorités communales l'appareil de sauvetage récemment inventé par M. Kessels. D'un autre côté, nos villes, nos bourgs, nos villages, nos hameaux offriront des médecins, des chirurgiens, des sages-femmes, voire même des artistes vétérinaires et des professeurs de chorégraphie, heureux d'assurer à leurs concitoyens affamés une nourriture saine et abondante, pareille à celle que préconisent ordinairement les prospectus de pensionnats pour les deux sexes, heureux aussi de consacrer leurs talents et leurs veilles à une œuvre philanthropique qui verra leur renommée grandir comme le souvenir d'une belle action.

Dans sa sollicitude éclairée, le vénérable pouvoir qui nous régit s'empressera, je me plais à le croire, de faire venir de Binche ou de Braine-Laleud le *cow-pox* nécessaire, comme il s'empressera de le mettre généreusement à la disposition des cultivateurs riverains qui, eux-mêmes, s'ils le veulent, pourront, avec un peu de dextérité et d'étude, vacciner leurs pommes de terre et se passer ainsi du secours souvent onéreux, quoique gratuit, des hommes de l'art.

Je me propose d'adresser pour cet objet un mémoire explicatif à M. le ministre de l'intérieur, au commandant de la gendarmerie nationale, ainsi qu'au gouverneur de la province du Limbourg, sur l'appui desquels j'ose compter, connaissant le vif intérêt qu'ils portent à nos populations rurales si malheureuses et si dignes d'être arrachées à la misère, notamment dans le Hainaut où la faim qui décime les Flandres a réagi d'une manière déplorable.

Si j'atteins mon but, si je fais rendre à la pomme de terre cette santé luxuriante dont elle jouissait naguère, je ne demande aucune grâce, aucune place, pas même celle des Martyrs ou celle de directeur du télégraphe électrique. Sans ambition, je puiserai dans mon cœur, dans le souvenir de mes heureux efforts et surtout dans un doux commerce avec la pomme de terre, la seule récompense qu'un véritable ami de l'humanité puisse et doive espérer sur la terre.

CLOOTBOOM.

CLASSE DES BÊTES-LAIDES.

LE COEUR.

Air : Contentons-nous d'une simple bouteille

Voyez là-bas ces enfants frais et roses;
Leurs gais ébats respirent le bonheur.
Ces chérubins nous montrent, dans leurs poses,
Ce que Boufflers intitula le cœur.
Ce petit cœur, dans son adolescence,
Est un bijou ciselé par l'amour.
C'est le blason de la jeune innocence;
C'est un croquis, c'est un léger contour (*bis*).

Ce cœur grandit; à quinze ans, il soupire.
L'ennui le prend; il bâille à chaque instant.
C'est une fleur qui languit, et désire
Les soins actifs d'un jardinier galant.

C'est un bosquet orné d'un beau feuillage;
C'est un enclos où nul n'a pénétré;
C'est une bague, un petit coquillage;
C'est un ruisseau qui s'échappe d'un pré (*bis*).

Mais à vingt ans, c'est l'île de Cythère
Où, chaque jour, jeune et vieux pèlerin
Vont relâcher à l'ombre du mystère,
La tête nue et le bourdon en main.
C'est un désert où vient pleuvoir la manne;
C'est un sentier frayé par Cupidon;
C'est un Éden où maint élu se damne,
Et d'où l'on sort en demandant pardon (*bis*).

Puis à trente ans, c'est un brûlant cratère
D'où sort la lave à flots vifs et bouillants;
C'est la tigresse insatiable et fière,
Dont les transports énervent ses amants.
C'est un serpent dont l'étreinte nous brise;
C'est une soif qu'on ne peut étancher;
C'est un foyer que la luxure attise;
C'est la mère Ève, avide de pécher (*bis*).

A quarante ans, le cœur verse des larmes;
Il pleure, hélas! un cruel abandon.
Il met au jour ses attraits et ses charmes,
Pour attirer un naïf papillon.
C'est un vieux fat qui soigne sa toilette,
Un céladon puant le patchouli;
C'est un barbon qui vient conter fleurette;
C'est un roman qui tombe dans l'oubli (*bis*).

A cinquante ans, c'est une vaste ornière;
C'est un terrain dont le sable est mouvant;
C'est une sœur d'un pauvre monastère,
Qui va quêter au profit du couvent.

Dix ans plus tard, il a ses invalides :
C'est la pendule où manque un balancier ;
C'est un désert, ou des steppes arides,
Qu'aucun engrais ne fait fructifier (*bis*).

A quatre-vingts, c'est un hiéroglyphe
Où les savants perdent tous leur latin ;
C'est une énigme, ou bien un logogriphe,
Un papyrus, un ancien parchemin.
C'est un vieux sou, privé de croix et pile,
Mis à l'index par tous les boutiquiers ;
C'est le débris d'un animal fossile
Que Cuvier classe au rang des carnassiers (*bis*).

Voyez là-bas, le soir, dans la bruyère,
Ce ver luisant, ce petit diamant ;
Et, tout au loin, au fond du cimetière,
Ce feu follet qui danse en tremblotant.
Pour moi, qui crois à la métempsycose,
Ces petits feux sont des cœurs de cent ans,
Et qui jadis ont tant aimé la chose,
Qu'on les revoit poursuivre les passants (*bis*).

MARTIN.

CLASSE DES SCIANTS.

CONSTRUCTION GYNOFUGILOPE.

Quel est le meilleur système de fortification pour la défense de la vertu des femmes?

Grave et difficile problème sur un point vierge encore du grand art de la castramétation!

J'ai voulu remonter aux sources; j'ai consulté les autorités les plus solides en matière d'érection de places fortes, et, je dois le dire, tous les auteurs, depuis Polybe jusqu'à Vauban, depuis Carmontaigne jusqu'au général Haxo, tous sont muets sur la question qui nous occupe. — C'est donc par les principes généraux qu'il faut essayer de la résoudre.

N'attendez pas de moi que j'expose le sujet à vos yeux avec tout le développement dont il est susceptible; vous avez l'habitude d'être courts; je tâcherai donc de ne pas être trop long, s'il est possible.

« En règle générale (dit Carmontaigne dans l'introduction de son premier mémoire sur la fortification permanente), c'est la façon d'attaquer qui fait la loi de la défense. »

César, dans ses *Commentaires*, en parlant des machines les plus terribles pour battre une place en brèche, cite les javelots ou les dards, les balistes, les catapultes et le bélier. Le bélier surtout compromet gravement la sécurité des forteresses; il faut donc organiser un système de défense pour en repousser les approches et les coups.

« Pour être en sûreté dans une place, dit le général Valazé, il ne » suffit pas d'être séparé de son ennemi par un obstacle qui em- » pêche d'être joint corps à corps, il faut encore être caché par l'en- » ceinte à la vue de son ennemi, placé à la distance de la portée de » ses armes; c'est ce qu'on appelle *être défilé;* aussi, en principe » général, il a été admis qu'une place doit *être défilée* (1). »

Ce n'est pas à vous, messieurs, qu'il faut donner l'explication de ces termes techniques; vous savez trop bien que *défiler une place,* c'est la mettre hors d'état *d'être enfilée.*

Pour tenir l'ennemi à distance et lui défendre l'accès d'une forteresse, on est dans l'usage de construire des lunettes ou demi-lunes, des contrescarpes, des glacis, des chemins couverts, des parapets, des ouvrages à cornes, etc., etc. Mais ce sont là des moyens usés et dès lors impuissants, inadmissibles dans notre espèce.

Si nous n'avions à nous occuper que d'un système de défense, nous conseillerions, en premier lieu, les sorties faites à propos et souvent répétées, afin de ravitailler la forteresse et de la soustraire à une capitulation par famine.

Mais d'après les conditions de votre programme, nous avons à traiter *d'un système de fortification pour la défense des places,* et non *d'un système de défense des fortifications des places :* — ce qui est bien différent.

Il eût été plus logique peut-être de retourner la question, car les places de l'espèce sont toujours assez fortes par elles-mêmes pour résister aux batteries de l'ennemi et même pour les démonter, sans qu'il soit nécessaire d'augmenter leur système de fortifications; lorsqu'elles se rendent, en effet, c'est moins par faiblesse réelle que faute de volonté de résister.

Quoi qu'il en soit, il est temps, nous paraît-il, d'accoucher d'un

(1) ENCYCLOPÉDIE MODERNE, verbo *Fortifications.*

système pour résoudre la difficulté; voici le nôtre en quelques mots:

En cas de siége ou de blocus, la première règle à observer c'est d'éviter toute communication du dehors avec l'intérieur.

Nous recommanderons quatre moyens principaux qui doivent, selon nous, conduire à ce but.

Sans parler du *pantalon hollandais* ni de la *ceinture italienne,* qui n'opposent que des obstacles trop faciles à franchir;

C'est d'abord, pour protéger le front d'attaque, *l'enceinte continue* qui, élargissant les flancs de la place, doit nécessairement rendre plus difficile l'approche de l'ennemi et gêner tous ses mouvements;

C'est, en second lieu, d'ouvrir à propos *les écluses d'inondation* pour submerger l'assaillant;

En troisième lieu, si la place était un port de mer, et que les deux premiers moyens fussent insuffisants, il faudrait arborer le drapeau rouge, en signe de détresse, et solliciter l'intervention de ses alliés, surtout *le protectorat des Anglais;*

Enfin, comme dernier moyen de salut, il ne reste plus qu'à recourir *aux tranchées,* qui, mettant la place à l'abri d'un coup de main, sont peu propres, en cas d'assaut, à la laisser prendre par les derrières.

Nous pourrions nous étendre plus longuement sur cette matière que nous sommes loin d'avoir épuisée; mais j'ai cru devoir vous donner la quintessence du système. Je ne forme qu'un vœu, en terminant, c'est que vous puissiez goûter et la forme et le fond du sujet.

TIMER.

CLASSE DES BÊTES-LAIDES.

LA BAGATELLE.

Dédié à mon ami Schayes, conservateur des objets de l'Etat.

—

Air : Contentons-nous d'une simple bouteille.

Le petit dieu dont tout le monde glose,
Qui se démène et le jour et la nuit,
Dans notre enfance est un bouton de rose ;
C'est une fleur qui promet un beau fruit.
C'est un oiseau vierge de tout plumage,
Et qui l'attend pour voler au grand jour ;
C'est le hochet qu'on balance au jeune âge ;
C'est un sifflet qui pipera l'amour (*bis*).

Mais à seize ans, sortant de sa coquille,
Le petit ver est un beau papillon ;
Il se remue, il s'agite, il frétille :
C'est une anguille, ou bien un carpillon.

C'est une tige où circule la séve,
Et que l'amour aura bientôt greffé;
C'est un piston qui s'abaisse et s'élève;
Un rodomont, un polisson fieffé (*bis*.)

Mais à vingt ans, plein de feu, plein d'audace,
C'est un tison, c'est un charbon ardent.
C'est un torrent qui bondit, qui menace;
C'est l'Océan qui roule en mugissant.
C'est l'étalon qui flaire une cavale ;
C'est un lion qui veut tout dévorer;
C'est un grand ogre, ou bien un cannibale;
C'est un Néron qui veut tout éventrer (*bis*).

Puis à trente ans, c'est un limier de race;
C'est un chasseur adroit et plein d'aplomb,
Qui sait traquer et poursuivre une chasse,
Sans gaspiller sa poudre ni son plomb.
C'est l'oiseleur qui connaît tous les piéges
Que l'amour tend sous plus d'un cotillon;
C'est un Vauban qui sait mener des siéges,
Et battre en brèche et lune et bastion (*bis*).

A quarante ans cette fougue se passe,
Grâce au ressort que l'on fit trop jouer.

Un peu plus tard, c'est un cheval de race,
Qu'il faut nourrir, soigner et ménager.
C'est le poteau qui marque la limite
D'un beau passé vers un triste avenir ;
C'est un banquier près de faire faillite,
Qu'un vieux crédit vient encor soutenir (*bis*).

A cinquante ans, c'est un fruit mûr d'automne
Qu'un faible vent ébranle et fait tomber.
C'est un enfant des bords de la Garonne,
Qui promet plus qu'il ne pourra donner.
C'est un roseau couché par un orage ;
C'est un épi qu'un oiseau fait pencher ;
D'un beau passé c'est un faible mirage ;
C'est le soleil qui part pour se coucher (*bis*).

A soixante ans, c'est un léger atome,
Que, seul, notre œil ne saurait découvrir.
Dix ans plus tard, c'est un sylphe, un fantôme,
Un son perdu qu'on cherche à ressaisir.
A quatre-vingts, c'est un sillon que trace
Un roitelet qui se perd dans les cieux ;
Puis, à cent ans, c'est une âme qui passe,
Pour reposer dans le giron des dieux (*bis*).

R. I. P.

MARTIN.

RAPPORT SUR L'OUVRAGE INTITULÉ

QUE VEUT L'EUROPE?

Présenté par le vétérinaire de la classe des Sciants, dans le chapitre conventuel du Con:·: œcu:·: de l'Ordre des Agath:·:, le undécador de la deuxième dodécade de Canardinal, cycle II.

A:·:, M:·: F:·:!

A une époque féconde en événements imprévus auxquels la sublimité des productions littéraires emprunte une puissance de logique dont les masses sont vivement impressionnées; dans ces temps de parturition intellectuelle, où l'homme, secouant les limbes vermoulus de son entendement, s'efforce de progresser à pas de géants dans la grande voirie de la perfectibilité; au milieu de ce chaos gigantesque de toutes les intelligences, au milieu de ce cataclysme de toutes les institutions, nous devons être heureux, nous devons être fiers de voir qu'un membre de l'Ordre illustre et secret des Agath:·: a su présenter sous son jour véritable, apprécier au point visuel d'une dialectique scrupuleuse la situation anormale que présente l'Europe.

Par des raisonnements passés au laminoir de la saine métaphysique et puisés, d'ailleurs, aux sources de l'opinion la plus avancée, seul il a compris, seul il a su nous inculquer des idées neuves autant qu'utiles et résumant avec minutie, dans un cadre restreint, les élucubrations d'un encéphale intarissable, vifs reflets de son imagination froide et féconde.

Mais si les améliorations que l'Europe réclame sont reconnues et indiquées par les hommes du mouvement, d'un autre côté il serait dangereux de vouloir, par un empressement irréfléchi quoique généreux, accélérer la marche de la Providence dans l'accomplissement de nos destinées à venir. Cette perfectibilité, âge d'or vers lequel nous tendons tous, n'est donc qu'une question de *temps*. Aussi, sera-t-il rationnel, ce nous semble, de comparer le monde d'aujourd'hui à un cuir qui doit, par une préparation raisonnée, par un tannage lent et réfléchi, recevoir cette imperméabilité qu'il est loin encore d'avoir atteinte.

C'est ce qu'a parfaitement compris l'auteur de l'ouvrage qui nous occupe. « Dès la plus haute antiquité, dit-il, les peuples, encore » plongés dans l'enfance d'une civilisation abrupte, ont senti l'impé» rieuse nécessité de donner aux instincts généreux des masses illet» trées une organisation régulière et en harmonie avec les besoins » d'une société qui, si elle ne faisait point encore pressentir la féoda» lité, laissait au moins entrevoir d'une manière indirecte l'aurore » d'une époque régénératrice. »

Après avoir fait ressortir l'influence que le matérialisme exerça sur les idées religieuses au sein des peuplades primitives, l'auteur ajoute que « ce chaos d'idées grandes mais confuses donna naissance à un » choc subit et longtemps comprimé, dont les générations furent » lentes à comprendre toute la portée, par ce motif bien simple » qu'elles avaient peur d'en subir les conséquences, et qu'elles entre» voyaient, dans un avenir très-rapproché peut-être, un renverse» ment d'institutions qui ne devait découler que de la progression des » siècles. » L'auteur, comme on le voit, met le doigt sur la plaie et va chercher dans l'enfance de la société la véritable cause des révolutions qui, à l'heure qu'il est, modifient la physionomie du globe.

Poursuivant le cours de raisonnements appuyés sur des citations heureusement choisies, notre auteur en arrive, dans son chapitre Ier, à démontrer que les gouvernements, sans les lumières, ne subsistent pendant un certain nombre d'années qu'avec l'appui dangereux d'une soldatesque indisciplinée. Il en donne pour preuve la révolte des Janissaires, qui, pendant longtemps, fit trembler sur ses gonds la Porte mal affermie.

En rendant justice aux savants travaux de l'auteur dont nous analysons les écrits, qu'il nous soit permis de faire remarquer qu'il aurait pu, afin de donner encore plus de puissance à son argumentation serrée, tirer parti de l'influence que les armes à feu durent exercer dans l'antiquité sur les idées humanitaires; car, à cette époque déjà, si la poudre n'avait point encore été inventée, les armes de percussion au moins étaient-elles connues et admises dans les relations de peuple à peuple. Il aurait pu citer les Tyriens, inventeurs de cet instrument de mort portatif et à silex qui, jusqu'à nos jours, a conservé le nom de pistolet de Tyr. L'usage de cette arme a dû, il n'est pas permis d'en douter, modifier sensiblement la stratégie et, par suite, imprimer à la civilisation un mouvement ascensionnel.

Tyr tomba! Alors le pistolet cessa, il est vrai, d'être en usage; mais les modifications qu'il avait introduites dans les mœurs se perpétuèrent sourdement pour reparaître avec éclat aux journées de Saint-Quentin et d'Azincourt. — On peut du reste, à l'égard de l'invention et de l'influence du pistolet de Tyr, lire l'intéressant travail dû à la plume édifiante d'un de nos officiers les plus distingués qui a eu le bonheur de découvrir une pétrification dudit pistolet dans le sol creusé pour asseoir les fondations de la nouvelle caserne du *Petit-Château* (1).

L'auteur consacre le chapitre II de son ouvrage à l'examen de la situation européenne; il détruit une à une ces erreurs d'un âge heureusement loin de nous, et qui avaient pris naissance dans les disputes futiles du *Jansénisme* et du *Molinisme*. Effleurant, avec une prudence dont il faut lui savoir gré, *l'organisation du travail,* qui n'est plus un problème aujourd'hui, il termine son chapitre par des paroles empreintes de la plus haute éloquence. Cédant à l'entraînement d'une noble indignation, il s'écrie : « L'égotisme, subdivision subtile et

(1) Cet intéressant fossile a été remis au savant monsieur A. G. B. Schayes, conservateur du Musée des armures et autres chinoiseries.

» anormale de l'égoïsme, n'admet pas, je le sais, que le sentiment de
» la famille vienne s'asseoir au foyer domestique, et que celui de la
» propriété s'associe aux intérêts communs de la vie privée. Si
» l'égoïsme produisit les délices de *Capoue*, il faut convenir aussi
» qu'il donna naissance au dévergondage de la *Régence*, dévergondage
» dont se ressentit la littérature, expression vraie de la moralité d'un
» peuple. Je ne parlerai point des saturnales du Directoire; ces
» temps sont trop rapprochés de nous; et d'ailleurs, ne furent-elles
» pas effacées par la flamme resplendissante du soleil égyptien, qui
» éclaira les fabuleuses victoires du grand capitaine? »

C'est, il faut en convenir, peindre avec des couleurs aussi vraies que brillantes la décadence d'une société qui se régénère. C'est dérouler le hideux tableau de ses erreurs passées, en traçant la riante image de ses destinées futures.

Mais hâtons-nous de procéder à l'examen du chapitre III qui forme la péroraison de ce remarquable ouvrage. Les besoins, les volontés de l'Europe y sont énumérés avec un bonheur de style, une lucidité d'expressions dont on ne pourrait trouver l'équivalent que dans les écrits du docte professeur Bécart, écrivain socialiste, harmonioso-humanitaire, et traducteur immortel des poésies d'Eschyle.

Comme le gracieux Bécart, notre habile publiciste nous narre avec une palette brûlante et palpitante d'actualité, nous peint avec une plume trempée dans le siphon du génie, les améliorations que réclament impérieusement la législation, les mœurs, sans oublier les arts qui exercent une si grande influence sur la civilisation : car ils sont à jamais éteints, ces jours de nébulosité où l'ignorance osait prétendre que les arts souillent le cœur au lieu de l'élever.

En résumé, tel a été l'effet voltaïque produit sur la classe des Sciants par la lecture de la sublime élucubration dont nous venons d'analyser l'essence, que nous n'hésitons pas à vous proposer de décerner à son auteur la *couronne glandaire* que l'ordre des Agath :·: n'accorde qu'à de rares intervalles, et à des animaux qui, par des œuvres concassées sous le pilon du néologisme, ont ajouté un nouvel embranchement à la route ardue de la science, en reculant pour longtemps le jalon mobile de l'entendement.

CLASSE DES BÊTES-LAIDES.

COMMENTAIRE SUR LA CHANSON

AU CLAIR DE LA LUNE.

Vous avez cru, Agathopèdes très-précieux, me donner une occasion de matagraboliser et de pantagruéliser un petit, en me commandant un commentaire sur la populaire facétie intitulée : *Au clair de la Lune*. Mais quand je me suis approché de l'auteur anonyme de ce petit morceau, pour lui prendre, avec tout le respect qu'un commentateur doit toujours à son auteur, la mesure dudit commentaire, je me suis trouvé, non sans une profonde stupéfaction, face à face avec une inappréciable relique de la littérature du grand siècle, avec un des contemporains de l'illustre auteur de *la Barbe bleue* et du *Chaperon rouge*. Car, n'en doutez pas, messieurs, l'âge de Corneille, de Molière et de la Fontaine, est le seul qui ait pu enfanter ce chef-d'œuvre. Aussi, quand il s'agit de soumettre un si merveilleux sujet au scalpel critico-panégyrico-chirurgical, j'ai la conscience de toute mon indignité et imbécillité, et j'invoque le concours et l'assistance des maîtres du genre, Mathanasius et Canning. Ce n'est pas à des académiciens de votre farine que j'apprendrai ce que c'est que Mathanasius, autrement dit saint Hilaire, fils putatif du grand Bossuet, à ce que prétendent MM. de Voltaire et de Potter, puissants historiens que l'ami Passavantius met sur la même ligne. Vous avez tous lu le *chef-d'œuvre d'un inconnu* de Mathanasius, une perle, mes bons, et qui n'eut de rivale, dans notre âge, que l'admirable élucubration de M. Canning, premier ministre du royaume uni, sur l'épopée laconico-homérique qui suit :

The king of heart,
He begg'd a tart;
The queen of heart,
She made the tart;
The knave of heart,
He stole the tart;

et que je me suis permis de traduire — *verbatim* — par ces six vers qui m'ont coûté six semaines, six jours, six heures, six minutes, six secondes de labeur assidu :

Le roi de cœur,
I' d'mande un' tarte ;
La dam' de cœur,
Ell' fait la tarte ;
Le valet d' cœur,
I' vol' la tarte.

Eh bien ! Canning, le premier ministre du royaume uni, a fait là-dessus un commentaire historique, critique, philosophique et phérécratien, qui prouve une transcendance superlificoquentielle que je voudrais posséder pour apprécier dignement *Au clair de la Lune*. Telle est en effet, ô condignes confrères, la profondeur de cette conception, que je n'hésiterais pas à l'attribuer à l'un des trois philosophes les plus avancés de l'époque, Lamotte-Levayer, Gassendi ou

Cyrano de Bergerac. Vous ne vous étonnez pas de me voir ranger ce dernier en si bonne compagnie, vous qui avez lu sa rare et peu connue tragédie d'*Agrippine*. Et pourtant, il faut l'avouer, toutes mes recherches n'ont pu m'indiquer l'auteur de cette œuvre si éminemment philosophique. Elle partage, sous ce rapport, le sort du *Pervigilium Veneris,* des *Lettres de Junius,* des *Poésies de Clotilde*, de *Malbrouck s'en va-t-en guerre,* etc., etc. Mais sans parler de toutes les preuves morales qui me déterminent à la placer au XVIIe siècle, il est une preuve historique qui vient à l'appui de mon opinion, c'est la tradition universelle, irréfragable, qui en attribue l'air au fameux Lulli, *Lulli qui réchauffa la morale lubrique*,... vous savez. Et, en effet, cet air si doux, si lent, quand on en observe la réelle et véritable mesure, cet air qui a fourni à Boïeldieu, dans *les Voitures versées,* de si charmantes variations, ne dit-il pas assez que c'est là une œuvre grave, sérieuse, puissante, et que celui-là est un oison bridé qui n'y voit qu'une facétieuse turlupinade?

Comparez-le, — s'il vous plaît, — à *J'ai du bon tabac*, à *M. de la Palisse,* au *Roi Dagobert :* — d'un côté vous verrez uniquement une insignifiante jovialité populaire; de l'autre, tout le sérieux d'un enseignement ésotérique.

Aussi, mes très-chers, ne vous étonnez pas de me voir placer cette ode dans la classe des mythes socialistes, égalitaires, humanitaires, radicaux, et même tant soit peu maçonniques. Si la modestie n'était pas un vice naturel des Agathopèdes (j'entends *vice* dans le sens de M. de Talleyrand : — *la pauvreté n'est pas vice, c'est pis*), je me vanterais d'avoir, le premier, arraché le voile qui couvrait la statue d'Isis, et pénétré le sens caché de ce mythe qui n'était peut-être révélé, au XVIIe siècle, qu'aux adeptes les plus avancés, — réservé peut-être pour les *trente-troisièmes*.

Cette ode est en même temps un drame à trois personnages.

Remarquez comme sont bien choisies les *dramatis personæ* de cette œuvre qu'on pourrait appeler : *l'Annonciation de l'Émancipation des populations*.

Ce sont *Pierrot*, *Lubin* et l'être mystérieux qu'on nomme *la voisine* ou *la brune*.

Au clair de la lune...

Un être inconnu exhale ses plaintes au clair de la lune. Nous ne savons encore quel est cet être; il ne sera nommé qu'au 5e couplet, ainsi que fait Molière, qui ne nous montre Tartufe qu'au 5e acte, — méthode XVIIe siècle.

Mais nous voyons qu'il se promène la nuit au clair de la lune.

Qui est-ce qui se promène ainsi?

Un voleur, direz-vous, ou un mendiant.

Oh non! mais l'amour, la poésie, la fantaisie, l'intelligence, l'esclave qui aspire à la liberté; car la lune a toujours été l'astre favori des poëtes et des hommes d'avenir. Je pourrais le prouver par un volume de citations; mais il suffira de rappeler les *Lunes du cousin Jacques,* et Lemierre dans les *Fastes :*

Le ciel d'où tu me luis est le sacré vallon,
Et je sens que Diane est la sœur d'Apollon.

Au clair de la lune,
Mon ami Pierrot,
Prête-moi ta plume,
Pour écrire un mot....

Que demande l'homme d'avenir errant au clair de la lune?

Vous le voyez, ô mes chers confrères! ce n'est pas une épée, ni un morceau de pain, c'est une *plume,* l'arme de l'intelligence! Une plume pour écrire un mot. Mais quel mot? Peut-être — vérité, liberté, égalité, fraternité! — le mot qui doit affranchir le monde, le mot qui doit révéler l'avenir!

Une plume! un mot!

O sublime concision de la poésie!

Mais à qui malheureusement la demande-t-il, cette plume? Qui cherche-t-il à attendrir par la peinture de ses malheurs et par ce doux nom d'*ami?...*

Enfer et damnation! honte et malédiction! C'est Pierrot! non pas le Pierrot de la comédie, le Pierrot-Debureau, ne vous y trompez pas; mais toujours le Pierrot du XVIIe siècle, Pierre (prononcez *Piarre*), le synonyme du paysan enrichi, de la stupidité, de l'égoïsme, — le synonyme de l'épicier.

Vous vous rappelez que Boileau défend de rabaisser la poésie,

> *De* changer, sans respect de l'oreille et du son,
> Lycidas en *Pierrot* et Phyllis en Toinon.

Lycidas, la poésie; Pierrot, la prose; Pierrot, le digne époux de Toinon, *Arcades ambo*. Aussi, c'est en vain que *Lubin* exhale ses plaintes. *Lubin!* J'ai laissé échapper le nom de l'interlocuteur révélé au 3e couplet. Concevez-vous que quelques éditeurs ineptes de notre chef-d'œuvre aient changé *Lubin, l'aimable* Lubin (comme l'appelle le poëte, toujours à la manière de ses contemporains, Racine et Bossuet, l'un disant à propos d'un grave évêque, *l'aimable* prélat, et l'autre,

> Je quitte le séjour de *l'aimable* Trézène) ?

— ces animaux donc, non pas Bossuet ni Racine, mais les éditeurs, ont changé Lubin en Arlequin. Ils n'ont pas songé que Lubin venait de *libet, lubet, libertas ;* que Lubin était le libéral par excellence, le *soc* et le *démoc* du XVIIe siècle.

> Ma chandelle est morte,
> Je n'ai plus de feu.
> Ouvre-moi la porte,
> Pour l'amour de Dieu.

Ici la poésie dépasse le sublime, et jamais plainte plus déchirante, plus navrante, plus palpitante, n'est sortie d'une poitrine d'homme.

L'allégorie crève les yeux.

Sa *chandelle était morte : scilicet,* la lumière de la liberté était éteinte par le souffle despotique du grand roi.

Il n'avait plus de feu, comme tous les hommes d'avenir, comme tous les amis de l'humanité, comme tous les *démo-soc* de tous les temps et de tous les pays ; — ils n'ont ni pain, ni feu, ni lieu :

> Ouvre-moi la porte,
> Pour l'amour de Dieu !

. . . . (1).

(1) Voir la note, *suprà*, p. 71.

Au clair de la lune,
Pierrot répondit :
Je n'ai pas de plume,
Je suis dans mon lit....

En vain l'infortuné invoque le Dieu de l'égalité. Que répond l'égoïste fainéant auquel il s'adresse ?

Je n'ai pas de plume.

Je le crois bien, le misérable idiot! Et qu'en ferait-il, bon Dieu, de cette plume ? — un oreiller ou un plumeau.

Je suis dans mon lit...

« Je suis dans mon luxe, dans ma paresse, dans mon inepte égoïsme, et là je ne m'inquiète plus de personne, je méprise et le poëte et l'intelligence, et la misère du pauvre et les peines de l'esclave. »

Je suis dans mon lit !...

Va chez la voisine,
Je crois qu'elle y est ;
Car, dans sa cuisine,
On bat le briquet.

Ah! Pierrot, Pierrot, misérable *réac* et *aristo,* tu dis plus vrai que tu ne penses toi-même.

La voisine, c'est la liberté ; la liberté, l'intelligence de l'avenir, que tu traites en esclave et que tu as reléguée dans ta cuisine. Mais tandis qu'en te dorlotant dans ton lit, tu t'imagines qu'elle bat le briquet, pour préparer les mets que convoite ton insatiable gloutonnerie, elle bat le briquet pour te faire sauter, ô oisif oison ! et l'étincelle en jaillira, et elle mettra le feu aux poudres de l'incendie qui te consumera, toi, ton lit, tes richesses.

Tremble, tremble, malheureux Pierrot,

Car, dans la cuisine,
On bat le briquet !... etc.

Ici, chers confrères, le voile allégorique est si diaphane, la prophétie si effroyablement resplendissante, et en même temps la forme si rayonnante et si pittoresque, que je demande un temps d'arrêt, et remets à l'annulaire prochain le développement des deux derniers couplets,

> A l'encontre desquels la divine Épopée
> N'est rien, ô mes amis, que de la ripopée.

SEBAS NORAB.

CLASSE DES BÊTES-LAIDES.

LE ROI DU GLAND,

CHANSON AGATHOPÉDIQUE.

Air de la Pipe de tabac.

Sur tous les fronts la gaîté brille ;
L'économe seul est rêveur,
A l'aspect du vin qui petille
Et de la brioche-électeur.
Dans ses flancs ce gâteau recèle
Une éphémère royauté.....
Que ne voit-on passer comme elle
Celle des chartes-vérité?

Pour élire notre monarque,
Il n'est pas besoin de congrès.
De son pouvoir la seule marque,
C'est le gland, ce roi des hochets.
Ce petit fruit cher à nos pères,
Plus cher encore à leurs enfants,
A fait les délices des mères....
Il fait un roi dans notre temps.

Je ne crains pas qu'on le maudisse,
Malgré son dangereux présent ;
Car il nous donne un roi novice
Qui ne règnera qu'un moment.
Il n'aura pas le temps d'apprendre,
L'arrogance et l'ambition ;
Et, malgré son sceptre, à tout prendre,
Notre roi n'est rien qu'un cochon.

Il n'a point de liste civile ;
Il ne fait pas lever d'impôt.
S'il veut boire un coup, ou bien mille,
Comme nous il doit son écot.
Point de ministre qui l'assiége,
De discours du trône et de droit ;
Il jouit du seul privilége
D'entendre crier : « Le roi boit ! »

Comme on voit courir la couronne,
Voraces, par le temps qui court,
Je crois que la prudence ordonne
D'attacher les rois à leur cour.
Le nôtre sera donc fidèle
A rester au milieu de nous,
Et ne quittera sa gamelle
Que quand nous la quitterons tous.

TIBERT.

CLASSE DES SCIANTS.

CASTRAMÉTATION PÉLAPERGAMESQUE.

—

Les fortifications de Troie, bâties d'après le système hydraulique de Simon Stevin, ont-elles résisté aux Grecs, pendant dix ans, parce qu'elles étaient construites à l'épreuve du canon, du mortier et autres batteries de cuisine, ou parce que les ouvrages avancés se composaient de lunes entières, au lieu de demi-lunes et de lunettes ?

Cette question m'appartenait de droit, plus encore qu'on ne peut croire; je puis même me vanter d'être le seul capable de la pouvoir résoudre: — c'est pour ainsi dire une affaire de famille.

On saura donc que ma famille descend en ligne directe, du côté des femmes, d'un noble Troyen; il portait d'or à un estron de sable, et avait nom Bitasbiek. Ses armes étaient des armes parlantes; on verra tout à l'heure à quelle occasion elles lui furent octroyées.

Je sais que des gens de petit esprit contesteront cette généalogie; ils diront peut-être avec les savants de Mons: « Les Tournaisiens ne sont pas des Nerviens, donc ils ne sont pas des descendants des Troyens. » Mais, depuis la savante dissertation de M. Schayes, il n'est plus permis de nier l'évidence, et l'on peut renvoyer les Montois à la continuation de la tour de Sainte-Waudru, entreprise surprrrrenante qui étonnera la postérité la plus reculée. On peut leur appliquer la péroraison de l'illustre Schayes, dans la dissertation susnommée : « *Sunt ambitiosi ameræ betisiæ, sunt ignari philosophi ejusdem farinæ, illi qui sustinent Tornacenses non veros esse Nervios, nec solos Trojanorum filios.* » (Voy. Schayes, *la Belgique avant et pendant la domination romaine*, tome II, pages 574 et suiv.) Je serais curieux de savoir ce que les Montois peuvent répondre à cela.

Cette question étant résolue à mon avantage, je dirai que le célèbre Bitasbick a laissé des mémoires que j'ai retrouvés dans les lieux secrets de la maison paternelle, mémoires inédits s'il en fut, lesquels contiennent sur le siége de Troie les renseignements les plus curieux, et la solution de la question posée. Je dirai que la remarquable famille des Agathopèdes a parfaitement senti la chose; que la ville de Priam a résisté dix ans par suite de l'emploi d'un système bien entendu de *lunettes,* mais qu'elle a été vaincue par une BATTERIE DE CUISINE et une LUNE ENTIÈRE.

Ceci mérite d'être développé pour l'édification des commandants de forteresse; les éditeurs d'Homère sont autorisés à embellir de ce récit leurs éditions futures.

Je n'ai pas besoin de donner la description des fortifications que le célèbre Simon Stevin éleva pour défendre Troie. On sait que le savant ingénieur y employa, pour la première fois, son système hydraulique, qui consistait à retenir, en amont de la place, les eaux du Simoïs par de vastes barrages, munis de nombreuses écluses. Lors donc que les Grecs descendaient dans les fossés pour saper les murailles, Simon lâchait les écluses, et le liquide bondissant entraînait avec le torrent de ses eaux et matériaux et travailleurs. On ne fait pas autre chose aujourd'hui. — Oui, mais les Troyens avaient compté sans Junon. Celle-ci, promenant ses rêveries sur le mont Ida, vit la chose, et, pour attraper Simon, elle résolut de boucher les sources du Simoïs. A cet effet, elle fit son gros dans le canal du fleuve. Comme le gros des immortels est toujours dur, celui de la déesse fit l'office de bouchon, et l'ouverture fut complétement fermée. Et voilà que la source, ne coulant plus, ne donna plus d'eau; et voilà que n'ayant plus d'eau le système hydraulique de Simon fut coulé; et voilà que le système de Simon coulé, les Grecs approchèrent des murailles, sapèrent à merveille et mirent en peu de jours Ilion à deux doigts de sa perte. Oui, mais Bitasbiek était là, et son génie fit naître des ressources auxquelles personne n'avait songé.

Il fit creuser autour de la place, en quinconce et à trois pieds de distance les uns des autres, des trous ou puits, se rétrécissant peu à peu, jusqu'à une profondeur de trois pieds. Il couvrit ces puits de broussailles. Il ordonna que tous les soirs les vierges d'Ilion iraient, à la faveur des ténèbres, déposer leurs cas nombreux et innocents dans ces appareils de défense, qu'il appela, en raison de la circonstance, *trous du Kul*. Les modernes ont contrefaçonné ce moyen habile, mais le nom a subi plusieurs variations. D'abord on en a fait, par anastrophe, *trous de Luc;* puis, par syncope, *trous de lu;* ensuite, par paragoge, *trous de Lup;* enfin, par épenthèse, TROUS DE LOUP. Ce n'était là qu'un ouvrage extérieur. Il pensa que le système de Stevin ne demandait, pour reconquérir toute sa puissance, que du liquide; or, il inventa ce liquide. Un édit prescrivit à toute la garnison, et à la population de tout sexe et de tout âge, de prendre médecine tous les deux jours. Un vaste appareil de lunettes publiques fut disposé au haut des remparts, et les Grecs, à dater de cette journée, virent, avec une surprise mêlée de mépris, les créneaux d'Ilion garnis de disques charnus se succédant sans interruption et lâchant du gros ressemblant à du petit, lequel était reçu dans des canaux et conduit dans les réservoirs de Simon, où il remplaçait les ondes du Simoïs. « Oh! comme ils sont lâches! » s'écriaient les Grecs dans leur orgueil. A la première attaque, ils surent de quoi il retournait; une partie de leurs guerriers s'engloutit dans les puits des demoiselles, et ceux qui parvinrent dans les fossés furent soumis à la pression de la courante (1) de Bitasbiek, *qui totos immerdavit Græcos.*

Cette étonnante invention jeta les Grecs dans le plus profond découragement. C'est alors qu'ils résolurent d'abandonner le siége

(1) Je sais que le Dictionnaire de l'Académie française dit LE COURANT; mais ici j'ai cru devoir suivre la leçon du Dictionnaire de l'Académie de médecine.

régulier, et qu'ils inventèrent leur cheval de bois. On sait le reste; mais ce qu'on ne sait pas, c'est que cette invention eût été fatale aux Grecs sans la circonstance suivante. Ici je réclame toute l'attention.

Parmi les Grecs enfermés dans le ventre du cheval de Troie, se trouvait un Spartiate nommé Rottopikamerdès, homme célèbre parmi ses compatriotes, et l'inventeur du fameux plat nommé *brouet*, à cause de sa couleur. Or, le jour de l'ascension, le susdit Spartiate, sachant que la station serait longue, voulut lester convenablement sa panse, et, en gourmet fini, il inventa un plat de circonstance. A son brouet ordinaire, il ajouta une compote d'oignons confits dans un coulis de saurets. Cette combinaison culinaire fut cause, ainsi qu'on va le voir, de la joie des Grecs, et du désespoir des Troyens.

Quand le cheval fut entré dans Troie, Cassandre sentit la malice et se mit à crier, par les places et les carrefours : « Vous avez vaincu par les derrières, vous serez vaincu par les derrières. » De son côté, Bitasbiek toisait le colosse, et son génie lui fit deviner le piége. Il avisa même, à l'endroit du croupion, une ouverture circulaire, et, désireux de pénétrer les mystères de l'abdomen du quadrupède, il se hissa, au moyen des crins de la queue, jusqu'à la hauteur du coccyx. Oui, mais ne voilà-t-il pas qu'au moment même où son visage atteignait l'ouverture fortunée, il se trouva nez à nez avec une lune entière, munie à son centre d'un trou qui, s'ouvrant peu à peu, lâcha, à la face de mon malheureux parent, une vapeur empestée et extraordinaire; il en fut suffoqué et tomba de toute la hauteur sur les dalles de la place publique. Cette pleine lune était celle de Rottopikamerdès dont l'abdomen, travaillé par la cuisine spartiate, se trouvait gonflé de vapeurs gênantes; or, dans le but de s'en débarrasser, ledit Grec avait profité du voisinage du croupion (car c'est lui qui faisait agir la queue du cheval au moyen d'un long bâton) pour soulager la nature à l'extérieur, effrayé qu'il était d'asphyxier ses compagnons.

La chute étonnante de Bitasbiek, l'immobilité qui la suivit, furent regardées comme une punition des dieux, et le cheval fut respecté. Bitasbiek ne revint à lui que bien des heures après son accident; Troie, déjà, était livrée aux flammes, et la fuite seule pouvait le soustraire à la mort. Il partait donc, rasant les murs, lorsqu'il avisa un Grec, lequel, surpris par un cours de ventre, devait, à chaque pas, déposer, par les rues, les preuves sensibles du copieux dîner qu'il avait pris dans l'attente d'un long combat.

Ce Grec était notre Spartiate : après le vent venait la pluie. S'élancer sur lui, l'emporter en courant, ne fut pour Bitasbiek que l'affaire d'une seconde. Il avait, à l'odorat, reconnu son ennemi, et il rejoignit avec son prisonnier le détachement qui, traversant l'Europe, vint sur les bords de l'Escaut fonder la ville de Tournai. Quant au Spartiate, mon parent dit qu'il fut exilé dans des marais traversés par un cours d'eau auquel les Nerviens donnèrent le nom de Haine, en témoignage du sentiment nourri par eux contre l'étranger, cause du malheur de leur patrie.

Il en est aucuns qui disent que les Montois descendent du Spartiate; et, en effet, tout prouve cette origine. Ce sont de vrais Grecs. L'archéologie rend cette descendance évidente. N'ont-ils pas perpétué le souvenir des talents de leur fondateur ? Ils remuent la queue avec un art admirable, témoin celle de leur dragon. Et puis, hommes, femmes, enfants ont conservé quelque chose de leur aïcul : les hommes soupirent bruyamment, après chaque repas ; les femmes abusent du droit qu'elles ont de lâcher les écluses ; les enfants s'accroupissent partout, le long des murs, moins pour se reposer que dans une intention visiblement différente, — et tous, en un mot, sont un tas de. . .
. . . . (1).

Ce qui fait que les Montois sont jaloux des Tournaisiens.

(1) Voir la note, *infrà*, page 118.

FIRAPEL.

CLASSE DES BÊTES-LAIDES.

LES FEMMES DE LA BIBLE.

Extrait d'un ouvrage inédit, trouvé, en 1848, dans les fouilles faites à Venise.

Air du Bal Mabille.

Dans un charmant enclos,
Tous deux frais et dispos,
Vivant comme des sots,
Ève trichait Adam aux dominos.
Bientôt ce jeu sut déplaire à l'épouse;
Et, soupirant en fa dièse ou sol,
Dans le jardin, sur la verte pelouse,
Elle attrapait des moucherons au vol.

Mais cet amusement
Ne dura qu'un moment;
Le conseil d'un serpent
Vint lui montrer un jeu plus séduisant.

Dès cet instant, Adam n'eut plus de trêve :
Elle voulait jouer dans tous les coins,
Et pour donner du courage à l'élève,
L'histoire dit qu'on lui rendait des points.

Rébecca, mon agneau,
Pour une cruche d'eau,
Offerte à des chameaux,
Tu sus gagner un époux, des cadeaux.
Temps fortunés, où les chefs des familles
Étaient exempts de soucis ennuyeux !
Car ils pouvaient négocier leurs filles,
Et conserver leur champagne mousseux.

Brûlante Putiphar,
Sur ton lit de brocart,
Ton coup d'œil égrillard
Croit fasciner et séduire un jobard.
Le pauvre enfant s'épouvante et se sauve ;
Son sang se fige, il court tout éperdu !
Car il croit voir, sous les draps de l'alcôve,
Un animal au poil fauve et touffu.

Ce qui causa sa peur,
Son effroi, son horreur,
Fut l'objet enchanteur
Que je m'abstiens de nommer par pudeur.
Mais n'écoutant que ton brûlant délire,
Tu l'empoignas, ce pauvre jouvenceau,
Par un endroit que je pourrais décrire,
Et que les saints ont appelé manteau.

Suzanne, ta pudeur
Ressemble à ce voleur
Qui vante son honneur
Quand il dédaigne un butin sans valeur.

La chasteté dont tu fis étalage
Se fût fondue au souffle des amours
Si l'onde pure eût reflété l'image
D'un frais visage aux gracieux contours.

Mais jetons un regard
Sur cette pauvre Agar!
Je comprends ses douleurs,
Quand Ismaël eut bu ses derniers pleurs.
Je vois râler la malheureuse mère
Priant le ciel de sauver son enfant :
Dieu qui l'entend exauce sa prière,
Et fait jaillir l'eau du sable brûlant.

Judith me fait horreur;
Je renonce à l'honneur
D'obtenir ses faveurs ;
Je veux porter tête et soupirs ailleurs.
Me voyez-vous, le pendant d'Holopherne,
Me réveiller un matin en sursaut,
Et regarder, d'un œil vitreux et terne,
Ma pauvre tête au milieu d'un ruisseau?

Betsabée, un époux
Soupçonneux et jaloux
Est un meuble assommant
Que l'on emballe au fond d'un régiment.
Ton sort heureux dut faire des jalouses,
Car, pour ma part, je connais cent maris,
S'il dépendait de leurs tendres épouses,
Qui partiraient pour garder le pays.

Abigail, mon enfant,
Choisis vite un amant,
Pour rallumer les feux
Que t'enleva le lit d'un vieux goutteux.

En te créant jamais Dieu n'eût pu croire
Que le chef-d'œuvre éclos de son cerveau
Aurait un jour servi de bassinoire
Pour réchauffer la couche d'un pourceau.

Débora, ton bijou
N'est pas fort à mon goût.
Conserve ton vieux clou
Pour le fourrer, ma foi! tu sais bien où.
Ma Dalila, je viens t'offrir l'hommage
D'un cœur aimant, tendre et respectueux.
De mon amour tu veux avoir un gage;
Tiens, le voilà : — ce sont de mes cheveux.

Dieu, que je plains le sort,
L'infortune et la mort
Des filles de Ségor
Et des beautés de la sale Gomor!
Venez à nous, victimes de Sodome;
Nous vengerons plus d'un cruel affront,
Jeunes beautés, qui ne connûtes l'homme
Que sous l'aspect du changement de front.

Dis donc, Loth, mon barbon,
Tu dames le pion
Aux modernes cochons
Dont j'ai l'honneur de conserver les fonds.
Aucun de nous, fussent-elles gentilles,
N'aurait l'idée et le bouillant désir
De profaner et de souiller ses filles
Pour se donner un moment de plaisir.

Je conviens que le jus
De beaux fruits défendus
Doit offrir des attraits,
Et réveiller le goût des vieux palais.

Vil débauché, non content de trop boire,
Tu distillas ton dernier goût charnel,
Et pour donner du piquant à l'histoire,
Tu fis changer ta légitime en sel.

De ces incestueux
Je détourne les yeux,
Pour chercher dans les cieux
Une vierge aux regards radieux.
Mais au lieu d'une, on en voit onze mille!
Prions le ciel qu'il les fasse venir
Pour les semer dans la grande famille,
Car le besoin ici s'en fait sentir!

Descendez à ma voix,
Dignes morceaux de rois;
Il se peut qu'un beau jour,
Je sois nommé fournisseur de la cour.

MARTIN.

CLASSE DES SCIANTS.

PHILOSOPHIE TRIGONOMÉTRIQUE.

Croyez-vous que le carré de l'hypoténuse soit une réfutation suffisante du Panthéisme?

PAIRS CONSCRITS, T:·: I:·: V:·:!...

Auprès de vos Grandesses, si remplies de malice et parfois de goinfrerie, je ne suis qu'un impur. — Profane, une ablution m'est nécessaire. — Sera-ce dans les eaux du Pactole? — L'argent est un corps inerte, froid et inodore; il n'en faut acquérir que pour le dépenser! — Irai-je prendre l'air dans les riants jardins de Lampsaque? — Les draps actuels sont si minces, que je craindrais d'y perdre mes fonds de culottes! — Boirai-je de l'Hipocrène? — La divine fontaine ne me donnerait point une face plus rubiconde; nos meilleurs poëtes, qui s'en régalent, restent souvent fort secs!

Je dois peut-être m'adresser au fils de Sémélé, qui s'est mêlé à toutes les douces ripailles? Point : — la barbe même de Noé, qui lui a volé sa découverte, est déjà trop grise pour nous. — J'aime mieux, moi, le dieu Laffitte, l'olympien Ouvrard, dans son clos Vougeot, et Jacquinet-Latreille, de bruyante et de mousseuse mémoire. — Leurs œuvres sont d'une bonne couleur; elles coulent sur velours, et, quand nous sommes bien pénétrés de leurs entraînantes productions, nous sentons toujours un feu sacré, non de ce génie qui courtise des muses stériles et n'aime que les hauteurs, mais de cet esprit expansif qui chérit les terres d'alluvion et nous fait tellement gonfler le cœur, qu'il en déborde.

Où diable mon bidet m'emporte-t-il? J'allais vous entretenir de la fille à Paul, la belle maraîchère du petit bâtiment. Qui ne voudrait se trouver dans son joli parterre, être sa pensée, cueillir sa rose et sucer ses fraises, en flânant dans ses bosquets touffus? Piété filiale à part, — on doit être là mieux encore que dans le sein de sa mère.

Mais chut! taisons-nous! La maman de certain collègue écoute à la porte! Ma femme n'entend pas raison. J'ai dit raison : — ma foi! va pour l'échappée! Vos maîtresses, quelque peu jalouses, et pour cause (vous ne me paraissez pas des frères de Sœur Constance), ont l'ouïe fine, et je crains les brouilles sans raccommodements.

« Holà! holà! va me crier le Renard, notre fin secrétaire, toujours » à cheval sur son règlement, avocat pratiquant, on vous ôtera la » parole, si vous ne revenez à la loi, aux prophètes, et surtout à vos » réponses.

» *Croyez-vous que le carré de l'hypoténuse soit une réfutation* » *suffisante du Panthéisme?* »

N'ayant pas LA CROIX, je trouvai DE LA PLACE devant moi, et ne voulant pas fourrer mon nez dans LA GRANGE, je cherchais mes trois carrés, quand, du carré voisin, j'entendis un franc et digne épicurien fredonner de notre gracieux et pur Casimir, dont le nom allait si bien à son hymne bachique :

Oui, l'homme a bu dans tous les temps,
Dans tous les temps l'homme doit boire :
Tu... tu.. tu... tu...
Rayés du nombre des vivants,
Nous ne boirons plus, c'est à croire!
Tu... tu... tu... tu...

Je tombai alors dans une profonde rêverie, et je m'assoupis en songeant, à propos de sections coniques, à la gloire et à la fortune des brevetés d'invention,—et n'eût-ce été les six cents francs que le trésor public exige pour que nous puissions avoir une idée en propre, en profiter et en faire jouir tranquillement nos concitoyens,—j'eusse envoyé de suite mon humble requête et mes plans, en triple expédition et sur timbre, à M. le ministre de l'intérieur. — Pourquoi? me demanderez-vous. — Mirobolant, mes amis! mirobolant!

Figurez-vous que je suis monté sur un bateau ailé, à roues; c'est bien autre chose qu'une montgolfière, puisque mon véhicule est à trois usages : à la selle, au cabriolet et à la navigation. — Je pars pour le Sénégal, poste restante, à trois pas de *Ton-Bouche-Trou*, célèbre par son lait caillé; et là, quand l'astre du jour et du feu est bien perpendiculaire sur nos nuques, je fais usage, — écoutez bien! — d'une pompe renversée, aspirante et foulante, et j'absorbe les rayons solaires. — Pourquoi? ajouterez-vous. — Mais cela est bien simple, vous m'avez deviné. Je veux rendre inutiles tous les combustibles connus et inconnus, et, de plus, éteindre le gaz qui me gêne, car bon il était jadis, et maintenant il ne servira plus. — Mais pour qu'en chauffant les appartements on ne soit pas dans le feu et pour que l'éclairage n'étouffe pas les spectateurs, j'ai imaginé une machine très-simple : trois mille rouages au plus, quinze cents poulies, pas davantage, et dix-huit cents ressorts aidés de quatorze machines à vapeur de trois cents chevaux chacun. — Comprenez bien! — Je sépare le calorique de la matière lumineuse; je mets celle-ci dans des carafes-quinquets en cristal de roche, — à la rigueur le diamant pourrait servir; — et je la comprime avec le levier d'Archimède. Quant à l'autre, je le place dans des bombes portatives, sans explosion possible, puisqu'elles sont en caoutchouc, et sans déperdition, car elles sont enduites extérieurement de vernis-copal.

Glorieux de mon imaginative, mais avant tout plein de reconnaissance pour les immortels Agathopèdes, je leur fais cadeau de mon brevet de perfectionnement pour la décomposition des différentes lumières. — Ainsi chacun, en voyant l'arc-en-ciel, pourra, la nuit comme le jour, éclairer son domicile, dans la couleur qui lui plaît le plus.

Je sentais bien qu'au lieu de me trouver sur le pont de mon bateau, j'aurais dû me placer sur le pont-aux-ânes, sur l'hypoténuse vainqueur du Panthéisme. Mais ce Grand Tout, n'est-il point aussi invincible qu'éternel? Je me souvenais du sceptique et chaleureux Byron : « Il faut que la boule du monde tourne sur son axe et que le genre humain fasse le cumulé avec elle. Il nous faut vivre et mourir, faire l'amour, payer nos impôts et diriger nos voiles suivant le caprice du vent... Le roi nous gouverne, le médecin fait avec nous le charlatan, le prêtre nous endoctrine et notre vie file tout doucement... Et qu'est-ce que la vie? Un souffle, un peu d'amour et de vin; un peu d'ambition, de gloire, — assez de poussière et peut-être un nom! . . . . (1) »

Et mon joyeux voisin m'éveilla tout à fait en redisant avec ardeur :

Buvons donc, buvons pour le temps
Que nous devons passer sans boire!
Répétons ce refrain connu
Des buveurs que Bacchus honore.
Puis, après avoir bu,
Buvons, amis, buvons encore,
Buvons encor, buvons encore!

(1) Voir la note, *suprà*, page 71.

CROQUEMORT.

CLASSE DES BÊTES-LAIDES.

LE CORDON SANITAIRE.

AIR : Bonjour, mon ami Vincent!

Dieu, craignant, pour son pays,
Une émeute populaire,
Entoura son paradis
D'un grand cordon sanitaire.
Il dit à Pierre, son portier :
« Je veux te nommer premier douanier ;
» Ne te montre pas débonnaire.
» Empoigne ton homme au moindre soupçon ;
» Demande son nom,
» Sa profession ;
» Mais scrute avant tout son opinion. »

Pierre s'arma d'un riflard,
Et partit pour la frontière :
Il s'aperçut qu'un mouchard
Le mouchardait par derrière.

Il se vexa du procédé.
Comment croire aussi qu'on l'eût mouchardé?
Après tout, que pouvait-il faire?
Il était agent du gouvernement,
Qui, pour son argent,
Veut que tout agent
Le vienne éclairer, mais... aveuglément.

Il prit donc vite au collet
Un malheureux communiste,
Qui, retournant son gousset,
Lui chantonna d'un air triste :
« Frère, je ne possède rien.
» Partageons ton bien, et j'y joins le mien. »
Sans être un profond algébriste
Le saint répondit, tournant les talons :
« Tes additions,
» Tes divisions
» Sentent joliment les soustractions. »

Il rencontra deux marquis,
Et les crut atteints de rage.
Ces barbons à cheveux gris
Rêvaient le droit de jambage.
Ils voulaient battre leurs vassaux
Au moindre refus des droits féodaux.
Fatigué de leur radotage,
Pierre rit au nez des deux hobereaux.
Et nos vieux corbeaux,
Dans leurs vieux châteaux,
S'en furent rimer de vieux madrigaux.

Ensuite il vit un débris
Du beau temps où la victoire
Conquérait tant de pays

Qu'elle en perdait la mémoire.
Il criait : « Vive l'empereur ! »
Pierre répondit à ce vieux... rageur :
« Ils sont passés, ces jours de gloire,
» Où ta volonté nous dictait la loi.
» Maintenant, crois-moi,
» Retourne chez toi ;
» Dors sur tes lauriers, et tiens-toi bien coi. »

Le saint, mis en belle humeur,
Continua sa croisière ;
Il vit au loin un farceur
Ayant un œil au derrière.
L'homme criait : « Fourier est grand !
» Je suis son prophète et son confident. »
— « Va donc vite, répliqua Pierre,
» Va lui confier, sans plus de façon,
» Que ton beau jargon,
» Ton nouveau lorgnon
» Sont très-bien portés près du croupion. »

Il fouilla tous les réacs ;
Il coffra tous les clubistes ;
Fourra son nez dans les sacs
Des pauvres légitimistes.
Mais il ne put sonder à fond
La Vésuvienne au regard profond.
Par contre, il plomba des modistes
Qu'on voulait passer comme échantillon.
A chaque tendron,
Par précaution,
Pierre fit subir une inspection.

Il vit encor cent partis,
Et les envoya tous paitre ;

Puis revint au Paradis
Faire son rapport au maître.
Mais, jugez de son embarras,
On avait fraudé quelques avocats!
Ouvrant aussitôt la fenêtre,
Il les envoya, la langue en avant.
Et, dès ce moment,
Le gouvernement
Se crut à l'abri de tout mouvement.

MARTIN.

CLASSE DES BÊTES-LAIDES.

LÉGISLATION PINOPÉNALE.

L'adultère consommé sur un mur mitoyen peut-il être considéré comme perpétré dans le domicile conjugal? Élucidez l'espèce, et, sans être trop long, mettez au pied du mur les auteurs qui ont approfondi cette matière délicate.

Le cas, tel qu'il est posé, mérite par sa nouveauté qu'on n'y touche qu'avec certaines précautions.

Pénétrer trop vivement dans l'objet spécial de la question, aurait peut-être pour conséquence d'infliger aux respectables membres du Convent agathopédique une tension que pourraient ne pas compenser tous les apaisements désirables.

Au contraire, quelques considérations préliminaires, dans l'élucidation d'une espèce aussi épineuse, permettront d'atteindre au but avec une roideur de logique et une fatigue moins grandes.

C'est un point où règne entre les jurisconsultes la plus cordiale entente, que des innombrables méfaits auxquels l'homme, naturellement vertueux et bon, se livre avec tant de perversité, l'adultère est le moins propre,—par la dissolution qu'il provoque et le relâchement qui en est la suite, — à faire naître en faveur du coupable cette indulgence qui lui permet souvent de relever hautement la tête.

En effet, il ébranle le fondement même de la société, la sainteté du mariage,—et cette ingénieuse remarque a servi, en quelque sorte, d'introduction naturelle à tous les auteurs qui ont approfondi la matière.

Qu'on en réprime moins sévèrement l'abus, qu'on tende moins à rendre sans cesse plus étroites les limites où il s'exerce, et l'adultère, après avoir, par la fréquence de ses coups, entamé la base de la société, amènera infailliblement la décadence et la ruine de tout l'édifice.

Qui ne s'écrierait alors avec Virgile :

Venit summa dies et ineluctabile tempus !

Aussi les législateurs vraiment dignes de ce nom ont-ils tous, avec une ardeur et une fécondité qui leur a mérité de vivre dans la postérité, élucubré, comminé et vivifié lois, prescriptions et peines, ordonnances, sentences et défenses de tout genre et de toute essence, afin de produire, autant qu'il était en leur puissance, — par confection, sanction et promulgation d'icelles, — la cessation, abolition et disparition *per sæcula sæculorum* du malheureux penchant de l'homme à s'introduire subrepticement dans la couche d'autrui, contrairement au texte célèbre *De conjugalibus ut si favendis,* aux Pandectes, mis en harmonie avec la loi *Domicilio refaciendo,* au Code Théodosien.

Ils ont multiplié, ces rigides gardiens des mœurs publiques et privées, les dispositions protectrices de la chasteté de l'épouse, *uxoris castitudo,* et frappé comme d'une verge vengeresse le condamnable vice de l'adultère, source impure de tant de troubles intestins, *intestina discordia;* car ils voulaient, comme l'a dit le grand Corneille, garantir, dans tous les temps,

A l'époux sans macule une épouse impollue.

Dans cette voie où les législateurs se sont engagés avec un si haut courage, arrêtistes et juristes, avocats et magistrats, poussant tous au même but, n'ont pas manqué de se lancer sur leurs traces. Si tous n'ont pas pénétré jusqu'aux profondeurs intimes de ce gouffre de perdition, la plupart du moins ont tenté les plus nobles efforts.

Il en est même qui de prime assaut se sont conquis parmi leurs rivaux, dans un combat si profitable à l'humanité, des droits incontestés à l'amour de leurs semblables.

Leurs pareils à deux fois ne se font pas connaître,
Et pour leurs coups d'essai veulent des coups de maître.

Il ne sera donc pas hors de propos de citer quelques noms, de recommander quelques ouvrages où l'Agathopède qu'enflammerait la noble ambition de traiter à fond cette matière, pourra pousser fort loin ses investigations.

Lagrange, à défaut de Grenier, renferme une ample moisson d'enseignements qui seront de saison plus d'une fois.

Cujas, à une éloquence qui étonne joint une largeur de vues qui charme les moins érudits. Son seul défaut, c'est qu'il abuse parfois de l'argument *à posteriori*, et que souvent il répète le même raisonnement.

Chardon est plein de remarques piquantes qui chatouilleront vivement le lecteur que ne rebutera pas l'âpreté ordinaire de son style.

Persil, Ortolan, Lelièvre, Loiseau, Latruffe, Dupin, Hélo., célèbres jurisconsultes, goûtés aussi bien du barreau que de la magistrature, seront surtout d'une grande ressource dans les sentiers souvent arides où mène le désir de sonder en tous sens les ténébreux abîmes du droit.

Billon n'a pas grande valeur, mais d'Argenson renferme de quoi satisfaire un esprit désireux de compléter son bagage scientifique.

Enfin on consultera avec fruit Ledru, Lelarge, Legrand et Legras de Villard, solides commentateurs chez qui la forme est digne du fond.

Ne pouvant être trop long, je passe par-dessus un grand nombre d'auteurs. Il serait difficile d'ailleurs de pallier la rudesse de certains noms, et si je les citais tous, on me ferait, à juste titre, le reproche d'être fort DUR EN TON, sans en paraître plus PLAISANT.

Il a suffi d'esquisser les contours de cette partie si intéressante de la législation, pour en faire toucher pour ainsi dire au doigt la profondeur et l'étendue.

Toutes les matières qui en découlent sont dignes également d'analyse : la prudence commande d'en faire l'objet d'un sérieux examen.

L'espèce qui a provoqué l'attention des membres du Cercle agathopédique, pour être neuve en jurisprudence, n'en est pas moins susceptible de se produire souvent. Il importe donc, pour la saine pratique du droit, que les règles qu'elle peut avoir soient nettement déterminées.

Constatons d'abord, avant d'analyser le cas en lui-même, quelques points de contact entre l'adultère et la mitoyenneté des murs.

Les rapports de bon voisinage ont donné naissance au principe de la mitoyenneté. Qui oserait nier que ces mêmes rapports sont sans influence sur l'adultère?

La mitoyenneté permet à chacun des voisins de pousser de son côté sa poutre au moins jusqu'à la moitié de la profondeur du mur. La poussée commune se rencontre aussi dans l'adultère; mais *quid juris* quant à la limite de l'introduction? Il serait difficile de la préciser, et nous ne nous égarerons pas dans une recherche où l'application du droit touche de si près aux circonstances du fait.

Point de jouissance exclusive quand il y a mur mitoyen; chaque voisin a sa part de propriété. Ici le rapprochement avec l'adultère est sensible; si la loi ne reconnaît pas la cojouissance adultérine, la nue propriété en commun n'en est pas moins certaine, et PAILLARD DE VILLENEUVE est là-dessus d'une abondance et d'une vigueur qui ne le laissent jamais à court pour la réplique.

Nous arrivons ainsi, directement et logiquement, à la question posée, — celle de savoir si l'adultère consommé sur le mur mitoyen peut être considéré comme perpétré dans le domicile conjugal.

Le principe qui doit nous servir de fondement constant, c'est que chaque voisin peut, de son côté, pousser sa poutre jusqu'à la moitié de l'épaisseur du mur. (Vid. ULPIANUS, *De muris nec non et tignis*, au Digeste).

Il en résulte à l'évidence qu'il y a lieu de distinguer. Nous ne tarderons pas, en effet, à reconnaître trois différents cas qui méritent chacun une analyse approfondie.

Supposons deux voisins, Pinophile et Nicodême.

Le mur qui sépare le domicile de Pinophile de la demeure de Nicodême est mitoyen, mais d'une épaisseur honnête.

Nicodême est marié à Pétronille.

Pinophile a fait serment, dès le ventre de sa mère, de vivre et mourir célibataire.

Pinophile, un soir d'été, promène ses loisirs sur le mur mitoyen, exercice gymnastique qui n'est pas sans charmes, sinon sans danger.

Pétronille s'aventure sur ledit mur pour y cueillir les mures mûres d'un beau mûrier à la murmurante ramure.

Rencontre entre Pinophile et Pétronille,

> ... Inter densas, umbrosa cacumina, fagos,

> A l'ombre d'un cactus, parmi d'épais fagots,

qu'on avait rassemblés là pour la provision d'hiver.

Après les premiers salamalecs que commande la civilité puérile et honnête entre gens bien élevés — à quatre ou cinq mètres au-dessus du sol, Pinophile, profitant d'une situation aussi périlleuse que touchante, décrit à Pétronille les ennuis et les tourments que ressent parfois un célibataire, le bonheur qu'il goûterait si le ciel lui accordait une compagne telle qu'elle. Il lui ouvre son cœur, soupire, verse un pleur, et soudain s'écrie :

> «... Il faut parler, il faut en ce moment,
> Si cruel et si doux, si dangereux peut-être,
> Que dame Pétronille apprenne à me connaître.
> . . . .
> De ce mur mitoyen j'ai mesuré l'écueil ;

Il s'élève entre nous de toute sa puissance :
Je puis le respecter, mais c'est en votre absence.»

Maintenant que tous deux dominent l'obstacle, il faut que Pétronille prononce sur son sort, qu'elle dise un mot, sinon lui, Pinophile, malheureux à jamais, jure, d'un solennel jurement,

D'abandonner son grand mur et son père;
D'aller mourir sur la terre étrangère.

Pétronille, effrayée et attendrie, laisse échapper le mot de la réplique. — Restez! dit-elle, — et aussitôt Pinophile de s'exclamer :

« Sa flamme répond à ma flamme,
Dussions-nous tomber tous les deux. »

Et de fait, la flamme de Pétronille répond à la flamme de Pinophile; mais, dans l'agitation d'une scène si vive, ils ont tourné de telle façon, que l'acte qu'ils posent, au risque de choir tous deux, s'accomplit sur la moitié du mur où Pinophile a le droit de pousser sa poutre, d'après le principe reconnu ci-dessus. Il faut donc en conclure que l'adultère, dans ce premier cas, doit être considéré comme ayant été perpétré dans le domicile du célibataire et non dans le domicile conjugal, le domicile de Nicodême.

A peine remise d'un coup du sort si inattendu, Pétronille engage avec Pinophile la conversation suivante : — On vient! séparons-nous. — Vous reverrai-je encore? — Oui, demain. — O bonheur! — Je vous quitte; on s'avance. — Ciel! Codême, l'époux! — Ah! fuyons sa présence!

Le lendemain, Pétronille, quoique fidèle au rendez-vous, se tient cependant sur la réserve, et demeure sans branler sur l'autre moitié du mur, celle où Nicodême a le droit de pousser sa poutre. C'est là qu'après une résistance aussi vive que désespérée, se pose, pour la deuxième fois, l'acte qui répond à notre second cas. Tout le monde conviendra, d'après la situation des parties, qu'il n'y a pas ici l'ombre d'un doute, et que l'adultère doit être considéré comme ayant été perpétré dans le domicile conjugal.

Le surlendemain, les deux parties, se poussant de plus en plus l'une l'autre dans une voie si profondément vicieuse, arrivent au même instant sur le mur mitoyen, en franchissent, chacune de son côté, la moitié, se rencontrent, se heurtent et tombent précisément au beau milieu de la muraille.

> Ce qu'ils y font, je pourrais vous le dire;
> Mais je me tais par respect pour les mœurs.

Ce troisième cas est certainement le plus difficile à résoudre. La ligne de séparation entre les deux moitiés d'un mur mitoyen n'est qu'une fiction légale, une véritable ligne mathématique qui n'a pas l'épaisseur d'un poil du cuju (quadrupède d'Amérique renommé pour la finesse de sa robe). Il semble donc que l'adultère, dans ce cas, peut être considéré comme perpétré tout à la fois chez Pinophile et chez Nicodême; d'où la conséquence qu'il a été consommé dans la maison conjugale. Mais il a été perpétré en même temps, *eodem tempore et loco*, dans le domicile du célibataire, ce qui ne permet pas de conclure, d'une façon absolue, qu'il a eu lieu dans la demeure de Nicodême, conjoint de Pétronille. Évidemment la question est douteuse. Or, quand il y a délit, le doute doit tourner au profit des délinquants. Puffendorf, aussi bien que Grotius, rejette avec mépris l'opinion qui tend à prouver que le bénéfice du doute ne peut être invoqué en faveur de l'adultère. Ils veulent, ces doctes juristes, qu'un principe si profitable à l'humanité lui demeure acquis, — à quoi conclura comme eux quiconque s'est pénétré des saines doctrines du droit.

Le point délicat consiste donc à vérifier si l'adultère a été véritablement perpétré au beau milieu du mur mitoyen. On procédera à cette vérification par voie d'enquête directe et contraire, expertise, descente sur les lieux, comparution des parties, interrogatoire sur faits et articles, compulsoire de toutes pièces, documents et autres preuves concomitantes.

Les délinquants seront admis à présenter leur défense; ils produiront leurs pièces et leurs témoins, feront valoir tous leurs moyens, sous le coup d'une attaque si vigoureuse, et le juge, l'affaire introduite, instruite et plaidée à fond, décidera, dans sa sagesse, s'il y a doute, et dans ce cas, de crainte de laisser l'affaire trop longtemps pendante, il renverra les parties dos à dos, comme ne pouvant mieux les punir de n'avoir pas gardé toujours cette position, moins polie, il est vrai, mais infiniment plus décente.

La décision que nous venons d'adopter pour le troisième cas, d'après les véritables principes vantés par tous les auteurs, et notamment par les célèbres jurisconsultes Pic, Pinault, Pinard, Viole, Conhan, Coquille, rend fort facile à résoudre le cas de l'adultère commis sur un mur mitoyen à crête aigue.

La situation—pour les perpétrants—peut n'être pas commode, mais

A vaincre sans péril, on triomphe sans gloire.

Dans cette espèce, l'acte doit toujours être considéré comme consommé sur la ligne de partage; il n'a donc pas été perpétré, au fond, dans le domicile conjugal; le doute évidemment profite ici aux délinquants. Attraits devant le juge compétent, par quelque époux jaloux et méchant, ils pourront impunément s'en tenir, pour tout argument, à ce geste facile et charmant où l'on porte vivement le pouce de la

dextre vers le point culminant du visage, vulgairement le bout du nez, en agitant rapidement les quatre autres doigts, pour l'unique agrément du tribunal délibérant.

Le juge, dans sa sagesse, renvoyant les prévenus de la plainte, les mettra hors de cour, avec décharge de tous dommages-intérêts, et sans dépens.

ARGUS.

TABLE DES MATIÈRES.

AVIS AU RELIEUR.

Les dessins sur bois de l'Annulaire agathopédique et saucial,—titre, en-têtes, culs de lampe et autres, — sont dus au crayon harmonieux et facile de Grimbert le Blaireau, de la Classe des Beaux-Ânes.

MUSIQUE
DE
l'Annulaire Agathopédique et Saucial.

ÉLOGE DU COCHON.

Air: d'Aristide.

Nº. 1.

LES AGATHOPÈDES.

Air: Il est un Dieu, devant lui je m'incline.

Andante.

Nº. 2.

COURS D'AGATHOPÉDIE BIBLIQUE
et
LES FEMMES DE LA BIBLE.

Air: du Bal Mabille.

HYMNE AU COCHON.

Air: de la Faridondaine.

LE CŒUR
et
LA BAGATELLE.

Air: Contentons nous d'une simple bouteille.

Allegretto.

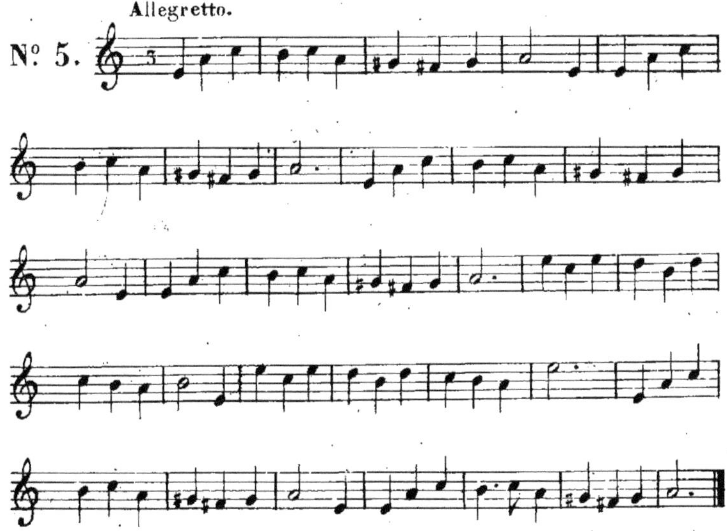

LE ROI DU GLAND.

Air: de la Pipe de Tabat.

LE CORDON SANITAIRE.

Air: Bonjour, mon ami Vincent.

Fin.

www.ingramcontent.com/pod-product-compliance
Ingram Content Group UK Ltd.
Pitfield, Milton Keynes, MK11 3LW, UK
UKHW012228240726
13966UKWH00003B/1015